Música para Acordeom

TRIBUTO A SIVUCA

Arranjos de
Roberto Bueno

Nº Cat.: 344-A

Irmãos Vitale Editores Ltda.
vitale.com.br
Rua Raposo Tavares, 85 São Paulo SP
CEP: 04704-110 editora@vitale.com.br Tel.: 11 5081-9499

© Copyright 2019 by Irmãos Vitale Editores Ltda. - São Paulo - Rio de Janeiro - Brasil.
Todos os direitos autorais reservados para todos os países. *All rights reserved.*

créditos

Capa e editoração
Willian Kobata / Danilo David

Coordenação editorial
Roberto Votta

Produção Executiva
Fernando Vitale

CIP-BRASIL. CATALOGAÇÃO NA PUBLICAÇÃO
SINDICATO NACIONAL DOS EDITORES DE LIVROS, RJ

B944m

    Bueno, Roberto, 1944-
       Música para acordeom : tributo a Sivuca / Roberto Bueno. - 1. ed. - São Paulo : Irmãos Vitale, 2019.
       72 p. ; 30 cm.

    Inclui índice
    ISBN 978-85-7407-501-3

    1. Oliveira, Severino Dias de, 1930-2006. 2. Acordeão - Brasil - História. 3. Música - Instrução e estudo. I. Título.

19-61186	CDD: 788.86
	CDU: 780.647.2

Meri Gleice Rodrigues de Souza - Bibliotecária CRB-7/6439

29/10/2019   04/11/2019

índice

Introdução... 5
Agradecimento... 7
Preâmbulo.. 8
O autor... 9
Teclado para a mão direita.. 13
Grafia universal para acordeom................................ 14
Quadro dos baixos.. 15
Os acordes maiores.. 16
Os acordes menores... 17
Os acordes da sétima dominante............................. 18
Os acordes da sétima diminuta................................ 19

Músicas

De bom grado... 20
Fava de cheiro.. 24
Feira de Mangaio.. 26
Forró em Santa Luzia... 28
Homenagem a velha guarda.................................... 30
João e Maria... 33
Músicos e poetas... 36
O voo do besouro... 42
Pata pata.. 48
Primeiro Amor.. 50
Roseira do norte 53
Subindo ao céu.. 56
Toccata em Ré menor... 60
Um Tom para Jobim... 64
Xanana... 68

introdução

Severino Dias de Oliveira, em artes Sivuca, foi instrumentista, compositor e arranjador. Nascido em Itabaiana, Paraíba, aos 26 de maio de 1930, veio a falecer em 14 de dezembro de 2006, aos 76 anos de idade. De família de sapateiros, ainda menino, ganhou de seu pai uma sanfona, num dia de Santo Antônio e, entre 1939 e 1945, apresentou-se pelo interior do Nordeste, em festas, casamentos e batizados. Foi, então, para Recife apresentar-se no programa de calouros Divertimentos Guararapes, da Rádio Guararapes, tocando "Tico-tico no fubá" (Zequinha Abreu e Eurico Barreiros) e "In the Mood" (Garland e Razaf), o que lhe valeu convite de Nelson Ferreira para atuar num programa escrito por Antonio Maria. Contratado pela Rádio Clube de Pernambuco, durante três anos exibiu-se como atração ou integrando regionais, além de tocar em Shows das Festas da Mocidade, onde foi apelidado de Sivuca. Em 1948, transferiu-se para a Rádio Jornal do Comércio, permanecendo como sanfoneiro até 1955 e aprendendo teoria musical com os músicos da orquestra. Contratado pela emissora, o maestro Guerra-Peixe selecionou-o para aprender harmonia, que estudou durante três anos. Em 1949, Carmélia Alves convidou-o para gravar: chegando a São Paulo, foi apresentado a Raul Duarte, da Rádio Record, que o contratou para uma temporada de um mês nessa emissora. Em seguida, gravou seu primeiro disco na Continental, "Tico-tico no fubá" e "Carioquinha no Flamengo", de Waldir Azevedo e Bonfiglio de Oliveira. No ano seguinte, compôs aquele que seria o primeiro sucesso nacional: a segunda parte de "Adeus, Maria Fulô" (a primeira e a terceira haviam sido realizadas em parceira com Humberto Teixeira). De volta à Rádio do Comércio, fez temporadas anuais na Record de São Paulo, atuando em programas especiais acompanhado de regional ou das orquestras regidas pelos maestros Hervé Cordovil e Gabriel Migliori. De 1955 a 1959, foi contratado pelas Emissoras Associadas para tocar em programas da Rádio e da TV Tupi do Rio de Janeiro, e gravou na Musidisc o LP Turma da Gafieira, em dois volumes. Em 1958, foi à Europa para uma temporada de três meses, dentro do projeto de divulgação da MPB no exterior promovido pela Lei Humberto Teixeira, tocando acordeom no grupo Os Brasileiros, então formado pelo maestro e pianista Guio de Morais; Trio Irakitan; Dimas, na bateria; Pernambuco, pandeiro e zabumba, e o clarinetista Abel Ferreira. No ano seguinte, deixou a Tupi, quando seu contrato foi rescindido por haver participado de uma greve de músicos por aumento de salário, seguindo então para a Europa, com o conjunto Brasília Ramos, liderado por Waldir Azevedo. Depois de atuar no conjunto por três meses, foi contratado por uma boate de Lisboa, onde ficou até 1960 – quando também se apresentou na Maison Barclay e demais restaurantes e clubes de Paris. Em agosto de 1964, seguiu com Carmen Costa aos E.U.A., mas não conseguiu trabalhar. Em New York, viveu de bicos e ensinou violão, até que recebeu em 1965, uma proposta do marido e empresário da cantora Miriam Makeba para integrar o conjunto que a acompanhava, tocando guitarra e violão. Durante quatro anos, excursionou com a cantora pela Europa, África, Ásia e América, sendo o autor do arranjo do grande sucesso "Pata Pata". De volta a New York, foi procurado por Oscar Brown Jr. e Jean Peace para dirigir e atuar no musical Joy, que estreou naquela cidade em 1970. Em 1973, a convite do produtor americano Guiora, de New York, realizou a trilha sonora de seis filmes de curta metragem para a TV

Educativa Americana, sobre Pelé e o futebol brasileiro: "Pelé o mestre e o seu método" um trabalho que lhe rendeu uma indicação ao Grammy e um prêmio da antiga União Soviética. Novamente em New York, foi convidado por Harry Belafonte para acompanhá-lo como guitarrista, tecladista e arranjador, chegando a tocar no especial dele e de Julie Andrews, na TV NBC, de Los Angeles. Fez uso de violão e sanfona, arranjou para orquestra de cordas, a quatro mãos, com o compositor e arranjador Nelson Riddle, inclusive o arranjo de uma canção escrita para Julie Andrews em homenagem a Vincent van Gogh. Gravou dois discos pela Vanguard, dos E.U.A., editados no Brasil pela Copacabana Discos. Nesse mesmo ano, participou como violonista nos discos "Astrud Gilberto with Stanley Turrentine" e "Salt Song" de Stanley Turrentine. Em 1977, de volta ao Brasil, compôs o LP "Sivuca e Rosinha Valença" e esse disco foi eleito um dos 100 melhores álbuns do Século XX. Compôs ainda com Chico Buarque, Nara Leão, Paulinho Tapajós, Paulo Cesar Pinheiro, Waleska, Glorinha Gadelha, Osvaldinho do Acordeon e Morais Moreira. Outro grande sucesso de sua autoria, em parceria com a esposa, foi "Feira de Mangaio", na voz de Clara Nunes.

Escreveu, arranjou e gravou trilhas sonoras para os filmes "Os Trapalhões na Serra Pelada" e os "Vagabundos Trapalhões". Em 1985, escreveu sua primeira peça sinfônica, o "Concerto Sinfônico para Asa Branca", para uma apresentação com a Orquestra Sinfônica do Recife, no Teatro Santa Isabel. Durante anos, aprimorou-se nesta escrita, criando, arranjando e orquestrando para sinfônicas. No ano de 1999, recebeu o título de Doutor Honoris Causa da Universidade Federal da Paraíba.

Em 2003, voltou para a Paraíba e fixou domicílio na cidade de João Pessoa. Um dos discos mais emblemáticos da carreira do artista é o "Sivuca Sinfônico", no qual ele toca sete arranjos orquestrais de sua autoria, ao lado da Orquestra Sinfônica do Recife, um registro inédito e completo de sua obra erudita. Em 2006, o músico lançou o DVD "Sivuca – O Poeta do Som" que contou com a participação de 160 músicos convidados. Foram gravadas 13 faixas, além de duas reproduzidas em parceria com a Orquestra Sinfônica da Paraíba.

No ano de 2006, foi agraciado com a Ordem ao Mérito Cultural do Ministério da Cultura do Brasil. Considerado um dos mais importantes nomes da música popular brasileira sendo, ainda, reconhecido pela crítica especializada como o músico responsável por elevar a sanfona, a uma categoria universal, inserindo-a no contexto do jazz e da música sinfônica.

Sua história, memória e obra permanecem viva no grande trabalho de sua filha Flávia, que, atualmente, está levantando o acervo no Projeto Sivuca – Maestro da Sanfona - o Arte Sivuca.

agradecimento

À minha esposa, Aparecida Antolino Bueno,
e a meus filhos, Jéferson Antolino Bueno
e Alessandra Antolino Bueno.

oferecimento

Ofereço esse Livro a minha neta, Alice Harumi Bueno Gonçalves.

preâmbulo

Segundo alguns historiadores, o povo chinês (que inventou o macarrão, a pólvora, a bússola), inventou também - 3.000 anos a.C. - um instrumento musical chamado "tchneng", uma espécie de órgão de boca tido como precursor do acordeom, que seria inventado no ano de 1829 por Cyrillus Demian, austríaco de Viena que no dia 6 de maio do mesmo ano registrou a patente de um organeto (pequeno órgão) com cinco botões formando cinco acordes, batizando-o com o nome de acordeom.

Em 19 de junho de 1829, sir Charles Wheatstone (em Londres) registra a patente de um instrumento chamado concertina. Esses dois instrumentos fizeram um sucesso imediato. A concertina foi muito difundida entre os marinheiros da Grã-Bretanha e o acordeom encontra milhares de admiradores em todos os países da Europa Central, sendo muito usado em festas populares e folclóricas. No ano de 1836 foi publicado em Viena um dos primeiros métodos para ensino de acordeom. Com visto, o acordeom nasceu muito simples, mas imediatamente teve um extraordinário sucesso em virtude de sua facilidade de uso. Ele consegue a adesão de um crescente número de apreciadores e de pessoas que se empenham em desenvolver e melhorá-lo, ampliando seus parâmetros, dimensionando suas possibilidades.

Conta a história que tudo nasce sempre por acaso. Diz a lenda que certa noite do ano de 1863 um viajante austríaco, voltando do santuário de Nossa Senhora di Loreto, ficou hospedado na casa de Antonio Soprani, um pobre lavrador que vivia em um pequeno sítio próximo à cidade de Castelfidardo, pai de quatro filhos, Settimio, Paolo, Pasquale e Nicola Soprani. O viajante portava um exemplar de um acordeom rudimentar, atraindo rapidamente a curiosidade e o interesse de Paulo Soprani, que tinha na época 19 anos de idade.

Não se sabe como esse instrumento foi parar nas mãos de Paolo. Uns falam que foi dado de presente pelo viajante austríaco em agradecimento pela hospitalidade de Antonio. Outros dizem que teria sido roubado por Paolo. Fato é que Paolo ficou apaixonado pelo instrumento, passou a aperfeiçoá-lo e desenvolveu um novo acordeom. Nasceu então a clássica fisarmônica italiana, que seguiria sendo aperfeiçoada até os dias de hoje, conquistando assim o mundo.

Em 1864, Paolo inicia com seus irmãos Settimo e Pasquale a fabricação dos primeiros acordeons italianos, ainda na casa do sítio. Com o sucesso de vendas crescendo, Paolo constrói em 1872 a primeira grande fábrica no centro da cidade de Castelfidardo. Os primeiros compradores eram ciganos, peregrinos e vendedores ambulantes que visitavam o santuário de Nossa Senhora di Loreto. Cabe ressaltar que paralelamente a Paolo Soprani - em 1876, na cidade de Stradella, província de Pavia - Mariano Dallapè (natural de Trento) inicia uma fabricação artesanal produzindo na época acordeons de altíssima qualidade. Em 1890, ainda em Stradella, é fundada a fábrica Salas pelos sócios Ercole Maga, Dante Barozzi e Guglielmo Bonfoco. Também no mesmo período nasce a fábrica Fratelli Crosio e a Cooperativa Armoniche. No início dos anos 1900 outro pólo produtivo nasce em Vercelli. Todas essas indústrias se desenvolveram e cresceram muito, aperfeiçoaram e exportaram acordeons por todo o mundo. Nesse momento, começa a ser introduzido no Brasil os primeiros exemplares trazidos pela imigração italiana e alemã, parte ficando em São Paulo, e outros em Santa Catarina e Rio Grande do Sul.

O acordeom no Brasil foi muito difundido. Na década de 1950 era comum encontrar dois acordeons na mesma casa. Esse instrumento com várias configurações se adaptou a cultura de todos os povos do globo, tanto na música popular folclórica quanto na erudita. Nos anos 1960, com o advento do movimento da música rock, o acordeom perdeu muito de sua força e muitas fábricas faliram (só no Brasil, nas regiões Sul e Sudeste, existiam cerca de 32 fábricas). Hoje não resta nenhuma. Contudo, ainda são fabricados na Itália acordeons modernos e sofisticados, e com certeza essa cultura não vai perecer, pois hoje esse instrumento está difundido e apreciado em todas as classes sociais, em festas populares e em teatros com orquestras, executando belíssimas peças de concertos por exímios acordeonistas amadores e profissionais. Este é um pequeno resumo da história do acordeom.

o autor

- Prêmio Quality – Troféu Bandeirantes.
- Jurado do 3º Festival Internacional Roland de Acordeon.
- Homenageado em Sessão Solene em 19 de junho de 2009 pela Assembleia Legislativa de São Paulo.
- Diplomado pelo Sinaprem em 2 de maio de 2009.
- Troféu Homenagem Clube Piratininga (SP).
- Certificado da Banda da Polícia Militar do Estado de São Paulo (SP).
- Diplomado pelo Conservatório de Música Alberto Nepomuceno.
- Professor pela American Accordionists' Association de Nova York.
- Professor pela União Brasileira de Acordeonistas Professor A. Franceschini.
- Diplomado pelo Instituto de Música do Canadá.
- Atual presidente da Ordem dos Músicos do Brasil – Conselho Regional do Estado de São Paulo.
- Recebeu diploma de Honra ao Mérito da Escola de I e II Graus Professor João Borges (SP).
- Certificado de alta interpretação pianística realizada na galeria Traço Cultural (SP).
- Comenda pela Ordem Civil e Militar dos Cavaleiros do Templo pelos serviços prestados à comunidade.
- Conselheiro federal da Ordem dos Músicos do Brasil.
- Acordeonista da AACD (Associação de Assistência à Criança Deficiente).
- Troféu Ordem dos Músicos do Brasil em 1988.
- Placa de Prata pela Asociación de Música de España, Madrid.
- Embaixador do Tango no Brasil, com certificado da cidade de San Cristóbal, província de Santa Fé, na República Argentina.
- Certificado de Honra ao Mérito pelo Lions Club de São Paulo (SP).
- Diploma e Medalha de Mérito Profissional em Música pela Abach (Academia Brasileira de Arte, Cultura e História) (SP).
- Diploma e medalha pela Sociedade Brasileira de Heráldica e Humanística (SP).
- Medalha José Bonifácio de Andrada e Silva (o Patriarca).
- Diploma de membro titular e Medalha da República, conferidos pela Abach (Academia Brasileira de Arte, Cultura e História) (SP).
- Certificado da empresa jornalística Metropolitana S.A.
- Membro dos Amigos de Lomas, da Argentina.
- Atual diretor administrativo da Associação dos Acordeonistas do Brasil.
- Diretor do Conservatório Nacional de Cultura Musical.
- Regente do coral da Icab (Igreja Católica Apostólica Brasileira).
- Regente do American Orthodox Catholic Church.
- Regente do Grupo Robert – International Music.
- Leciona melodia, harmonia e bateria para o curso técnico de jurados do Grupo Especial e do Grupo de Acesso da Liga das Escolas de Samba e União de Escolas de Samba de São Paulo.

O Acordeom

Teclado para mão direita

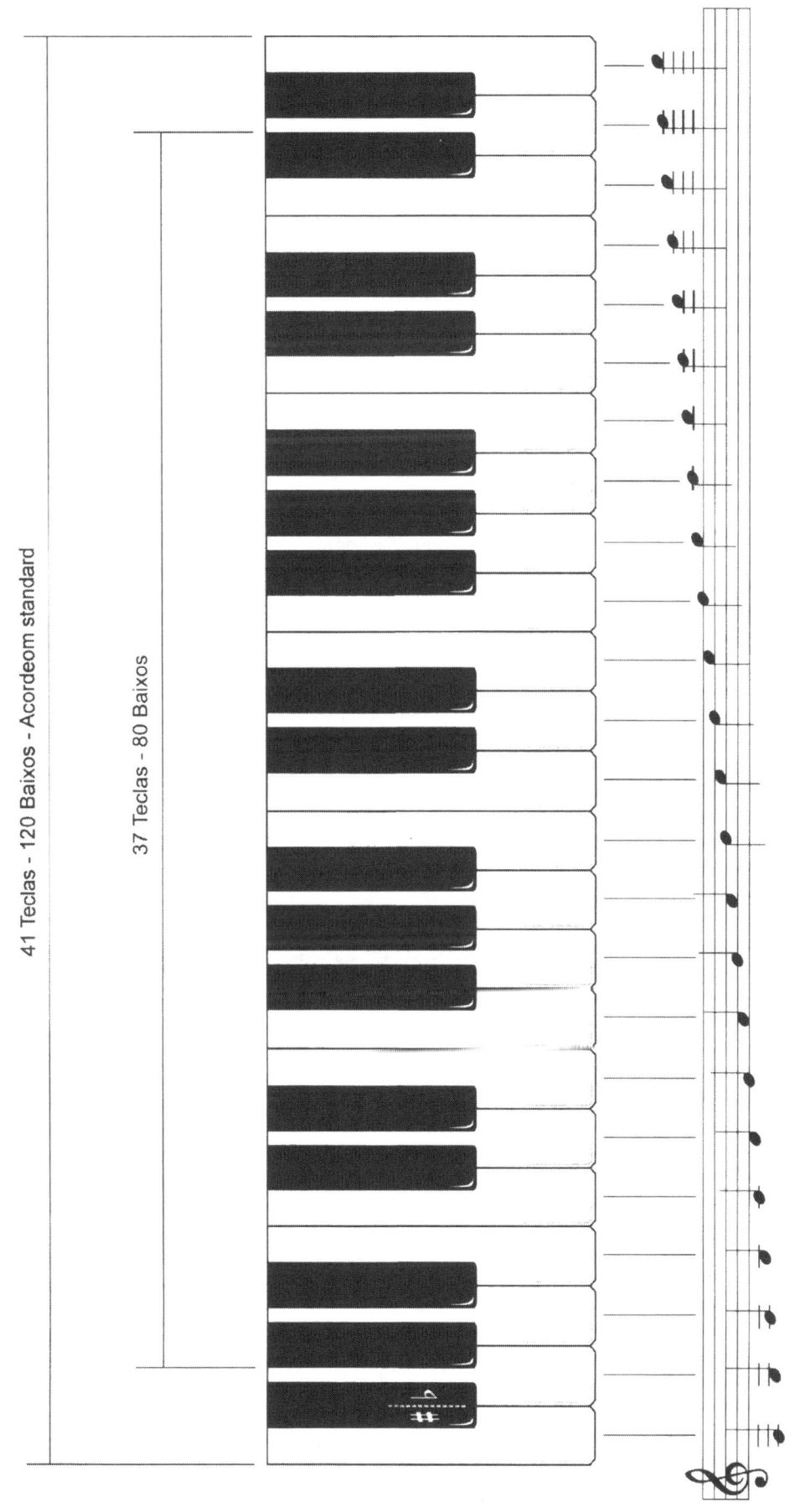

Grafia Universal para Acordeom

Mão esquerda usa a clave de Fá (4ª linha). Mão direita, clave de Sol.
 As notas para os baixos são apresentadas no 2º espaço para baixo, abrangendo a extensão da oitava inferior de Dó grave até Dó médio, assim:

Os acordes para a mão esquerda são indicados por meio de notas únicas (a tônica do acorde), abrangendo a extensão da oitava superior do Ré médio até Ré agudo, assim:

Uma única letra sobreposta à nota indica a espécie de acorde, assim:

- M - acorde Maior;
- m - acorde menor;
- 7 - acorde de sétima dominante;
- d - acorde de sétima diminuída.

As passagens de baixos podem ser escritas nas duas oitavas. Podem ser ultrapassadas quando houver a indicação das letras B.S. (*Basso Soli*), assim:

Um tracinho (_) por baixo de uma nota destinada à mão esquerda indica "contrabaixo", o que se coloca de preferência por baixo do número do dedo, assim:

O abrir e o fechar do fole são indicados por setas dispostas desta maneira:

Abrir o fole   Fechar o fole (volta)

Quadro dos Baixos
(Mão esquerda)

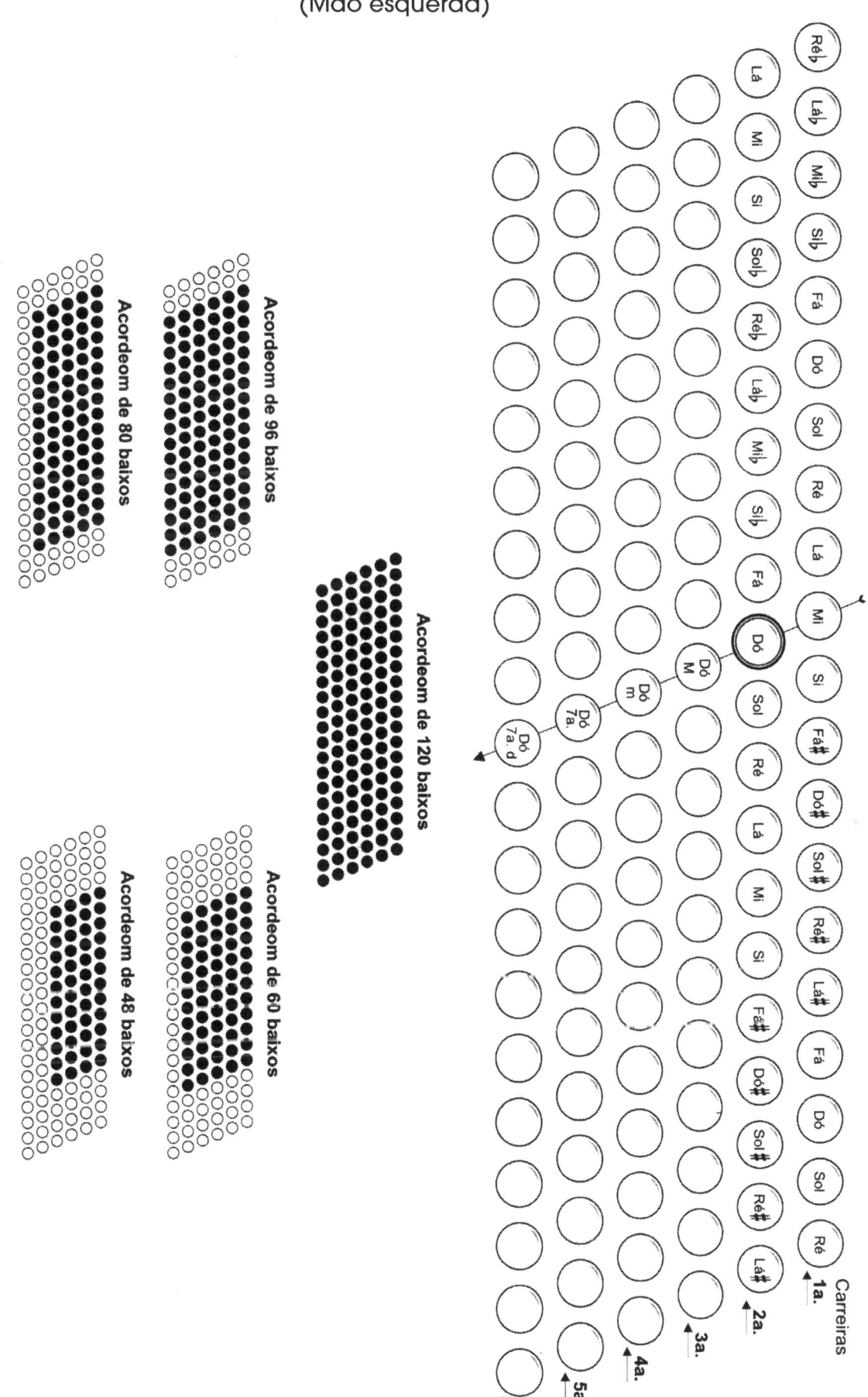

Os Acordes Maiores

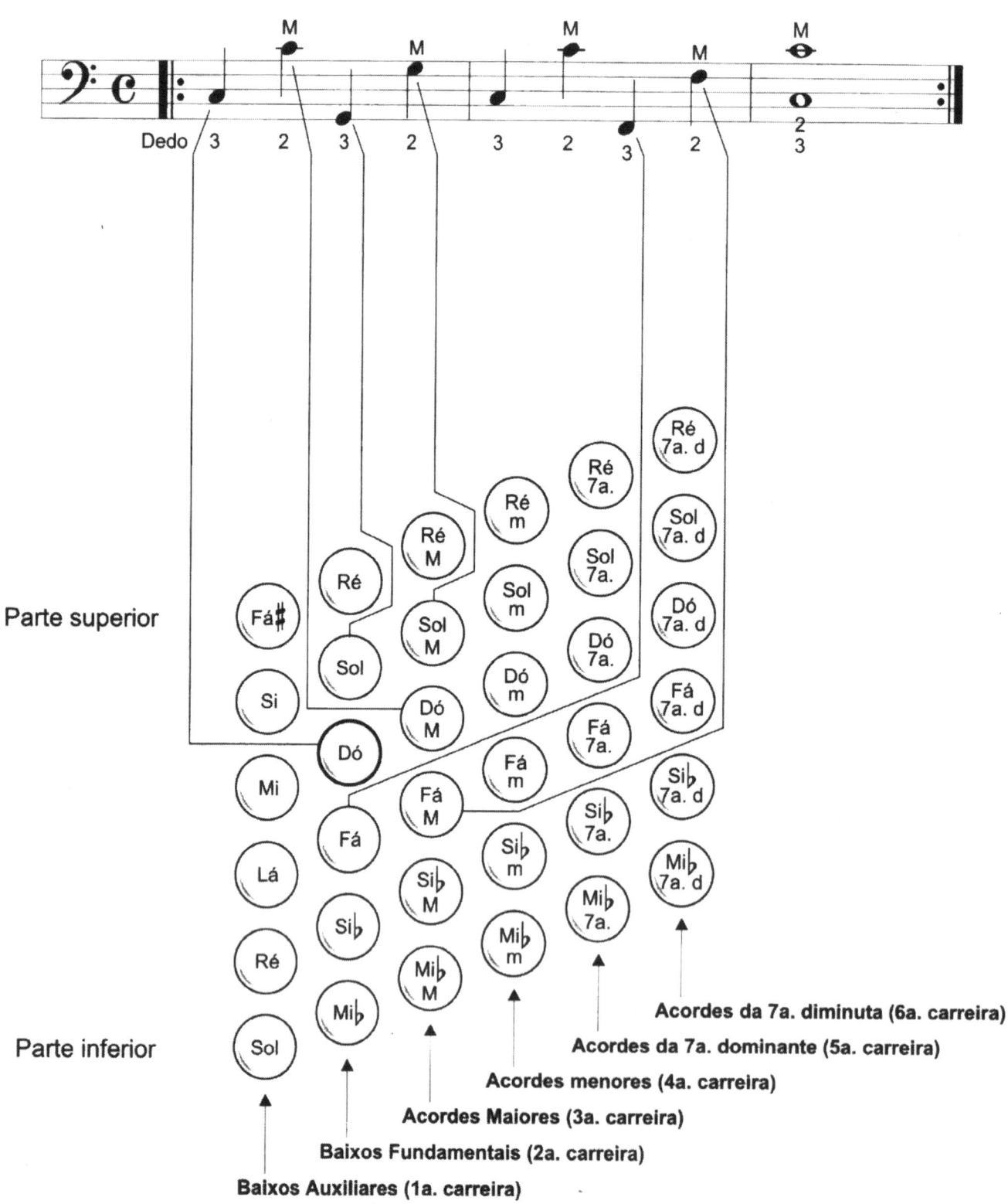

Os Acordes Menores

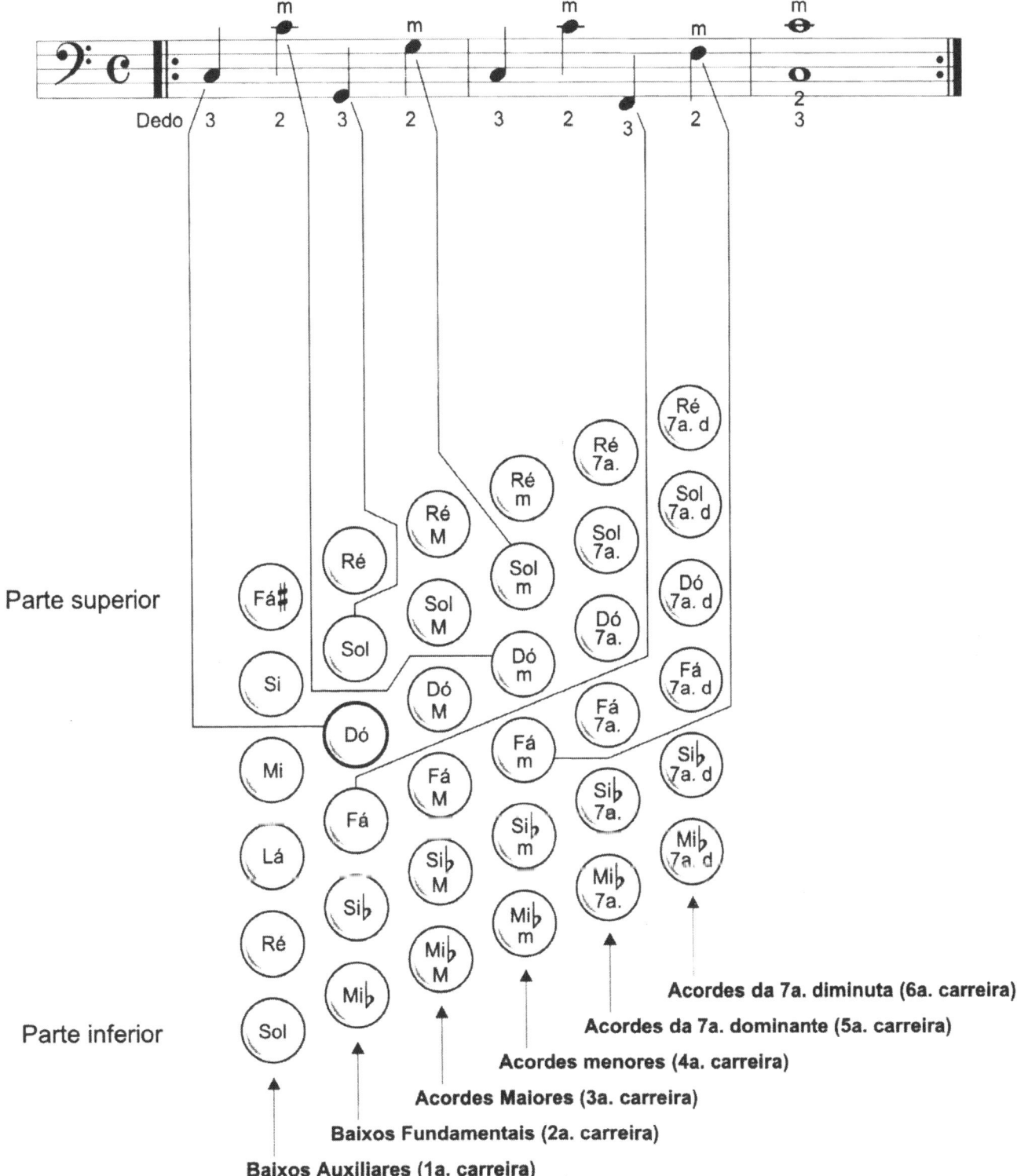

Os Acordes da Sétima Dominante

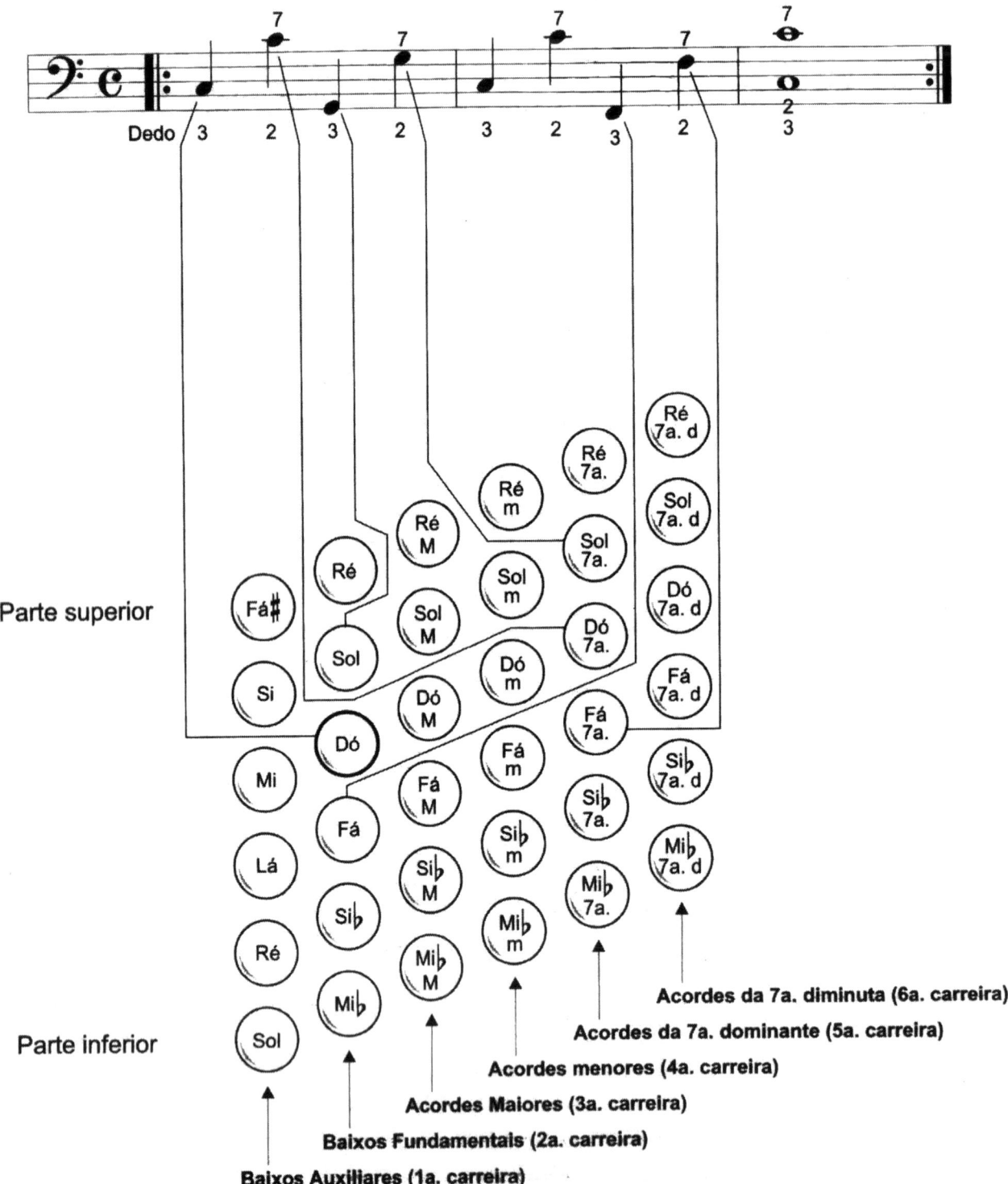

Os Acordes da Sétima Diminuta

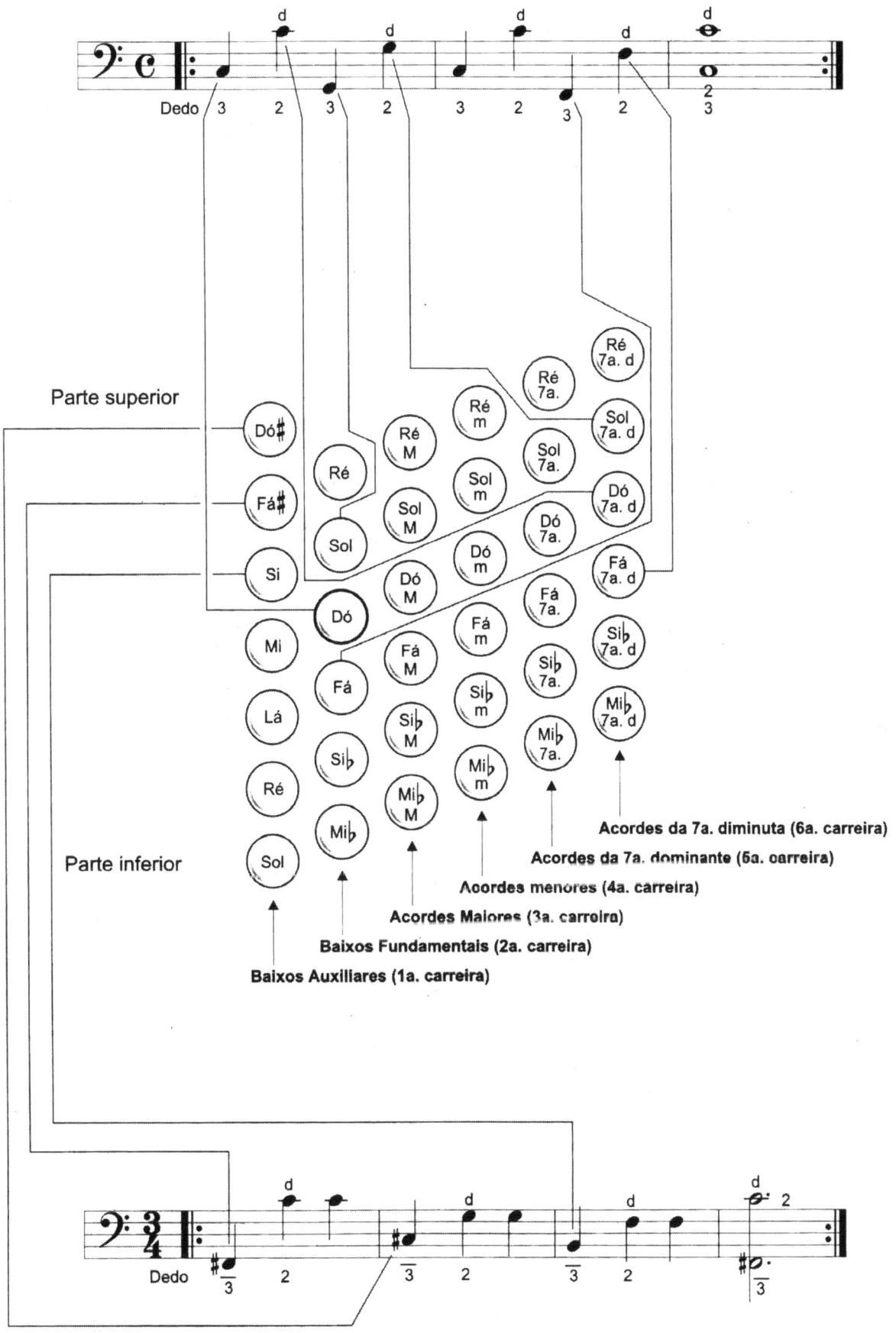

De bom grado
Choro

Arranjo p/ acordeom: Prof. Roberto Bueno

Sivuca e Glória Gadelha

Copyright © by SEVERINO DIAS DE OLIVEIRA.
Copyright © by MARIA DA GLÓRIA PORDEUS GADELHA.

Fava de cheiro

Arranjo p/ acordeom: Prof. Roberto Bueno

Sivuca e Glorinha Gadelha

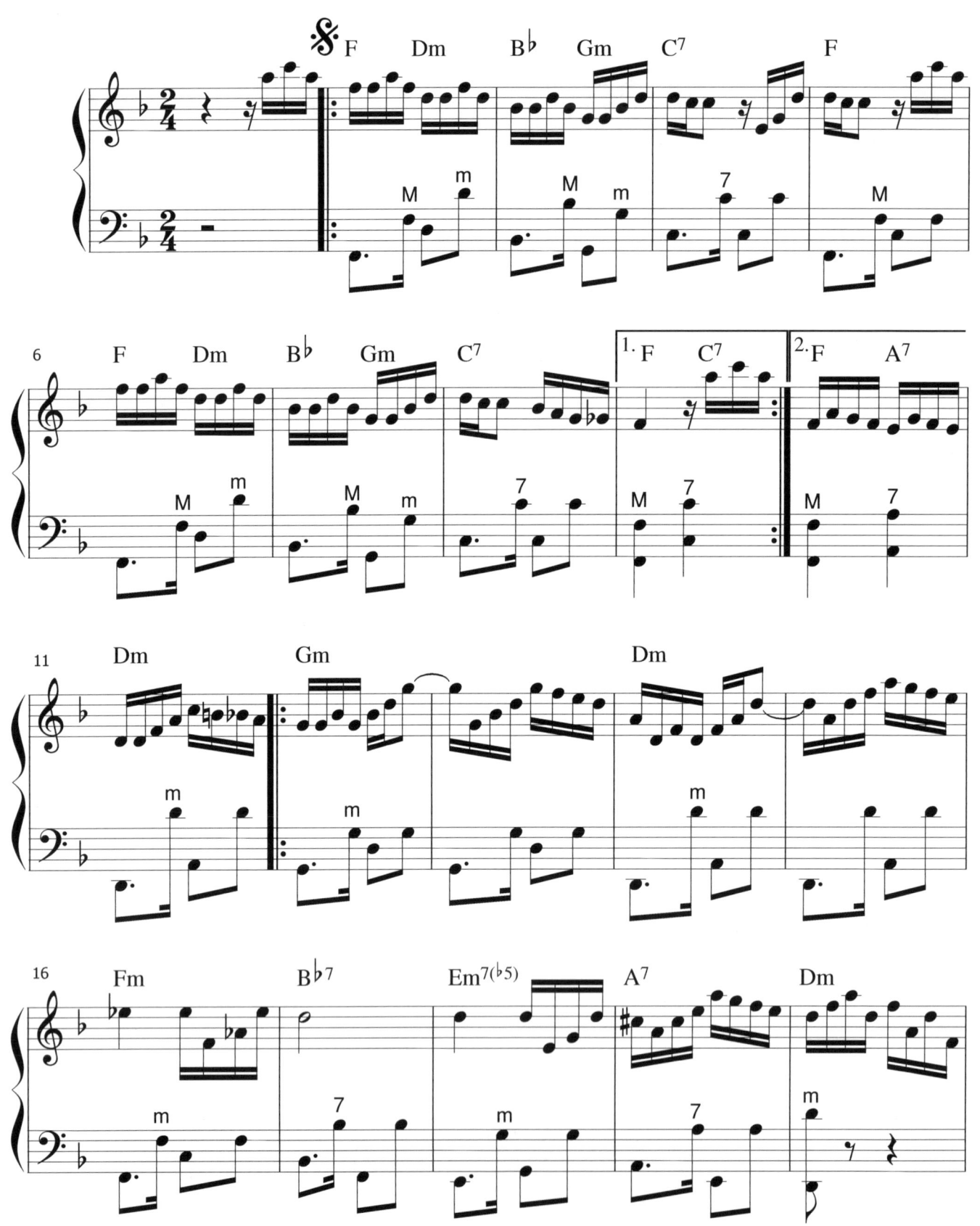

Copyright © by BEVERLY (PEERMUSIC DO BRASIL).

Feira de mangaio

Arranjo p/ acordeom: Prof. Roberto Bueno

Sivuca e Glorinha Gadelha

Forró em Santa Luzia
Forró

Arranjo p/ acordeom: Prof. Roberto Bueno

Sivuca e Glorinha Gadelha

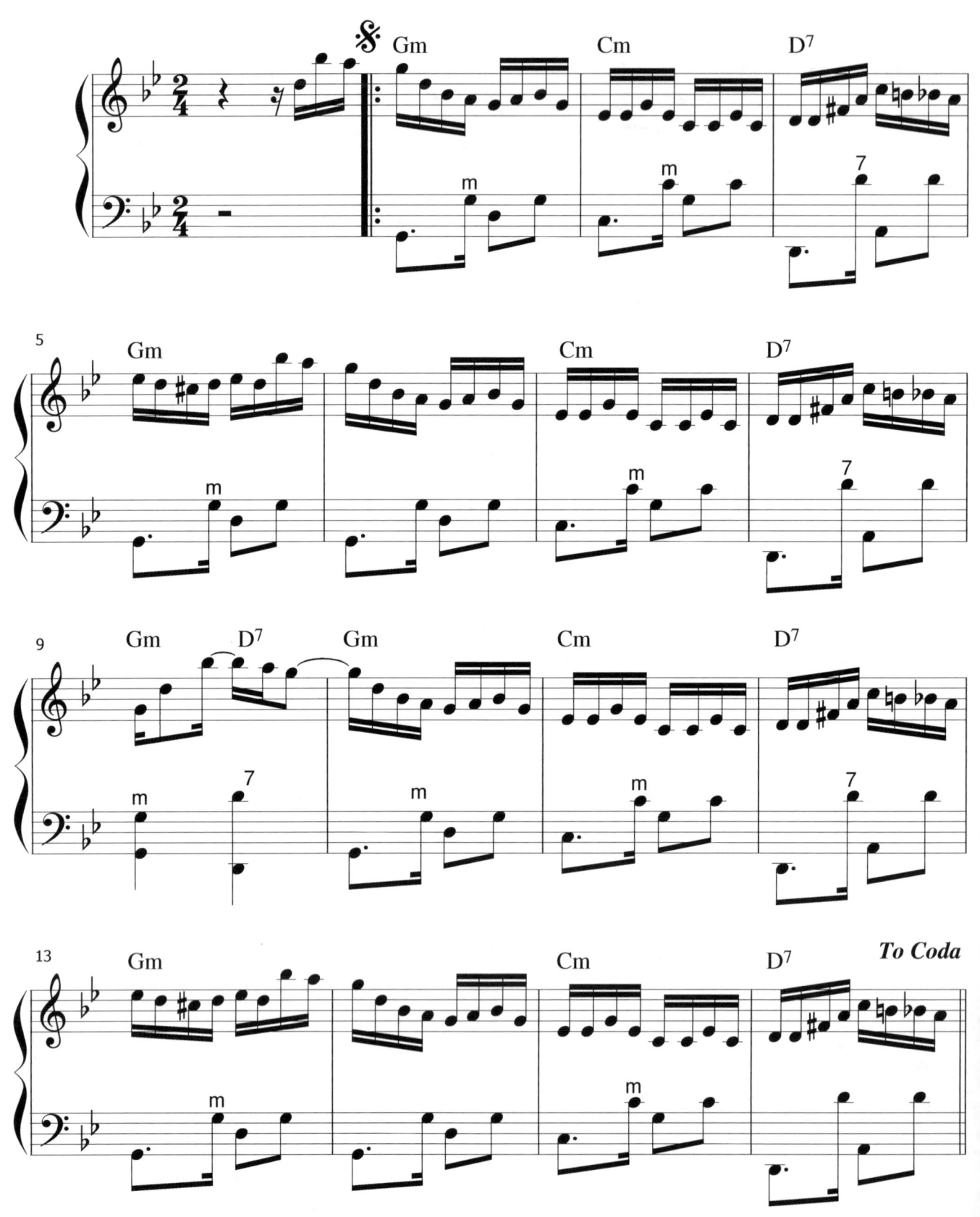

Copyright © 1983 by LUZ DA CIDADE PROD. ART. EDIT. LTDA. (SM PUBLISHING).

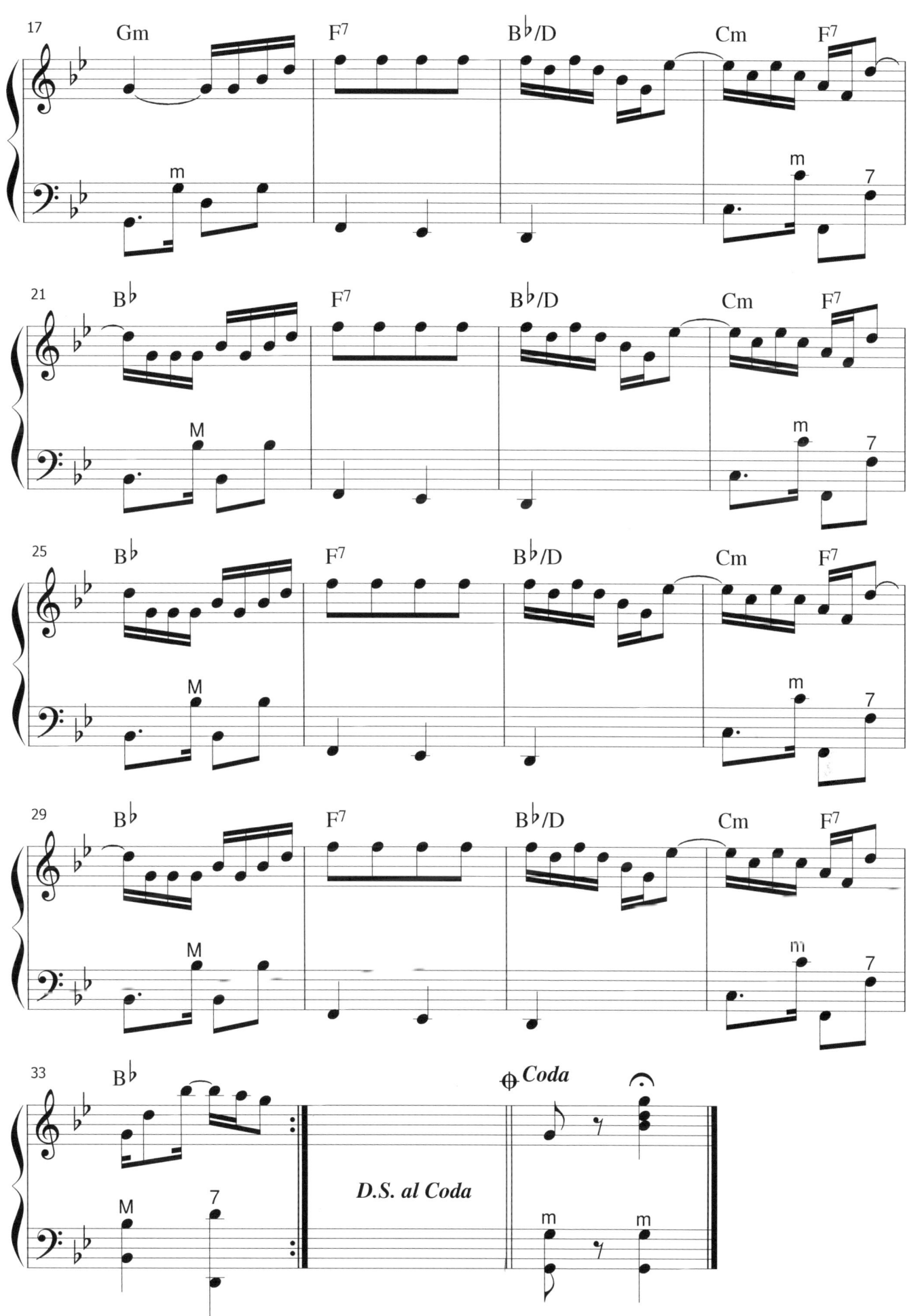

Homenagem a velha guarda

Arranjo p/ acordeom: Prof. Roberto Bueno

Sivuca

Copyright © 1956 by IRMÃOS VITALE EDITORES LTDA.

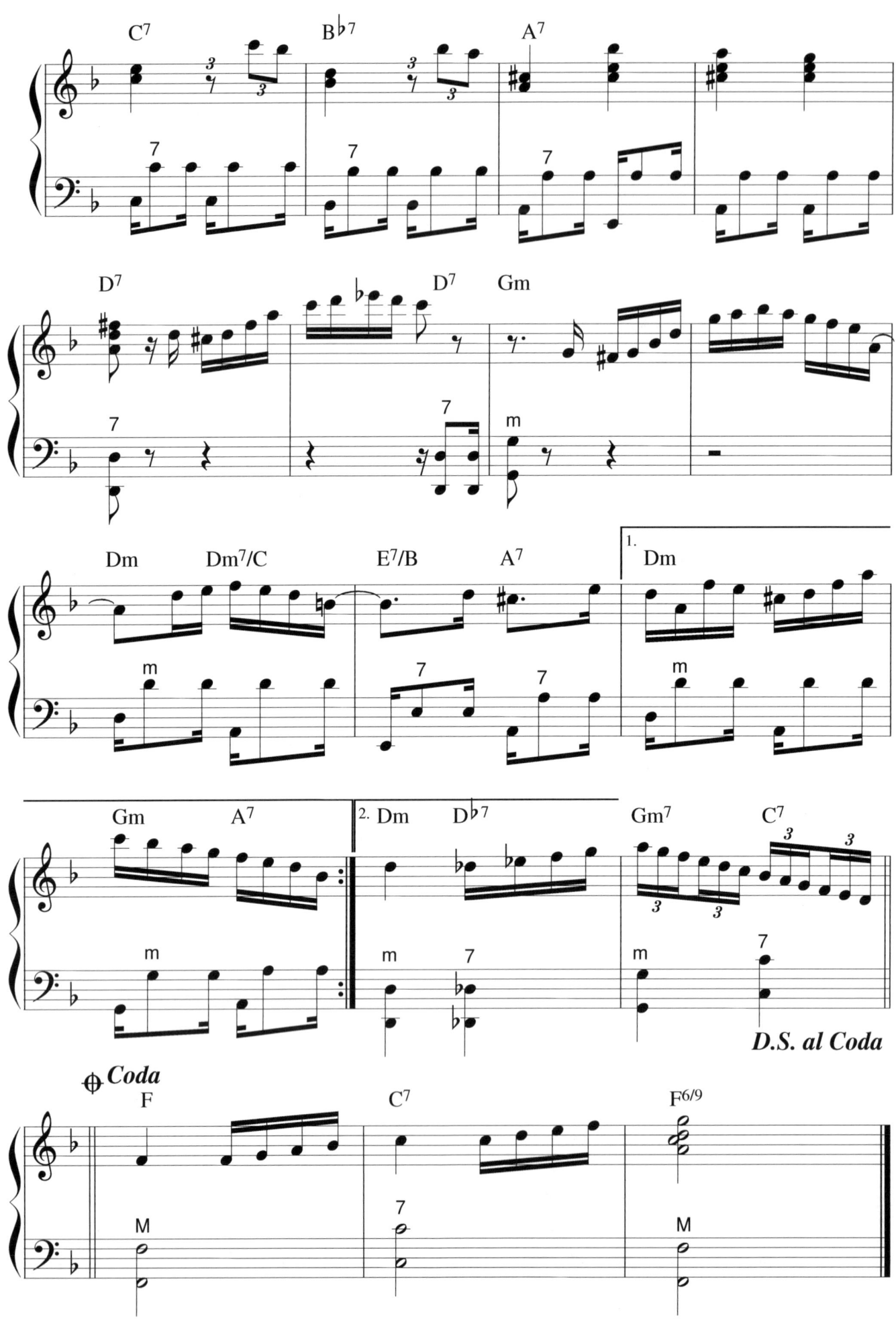

João e Maria
Valsa

Arranjo p/ acordeom: Prof. Roberto Bueno

Sivuca e Chico Buarque

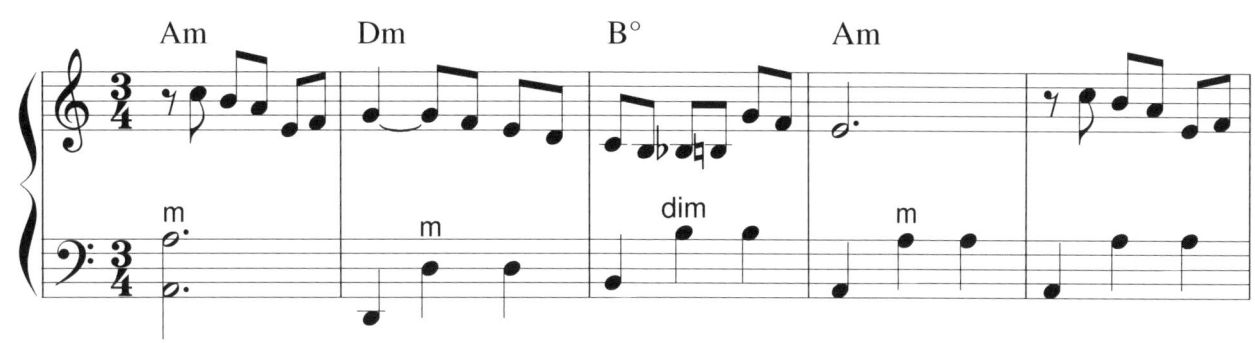
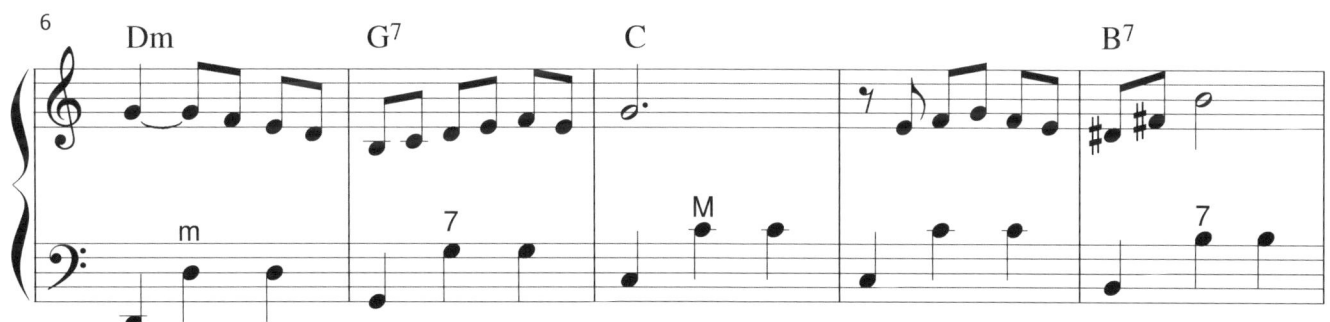

Copyright © 1977 by CARA NOVA EDITORA MUSICAL LTDA.
Copyright © by MAROLA EDIÇÕES MUSICAIS LTDA.

Músicos e poetas
Choro

Arranjo p/ acordeom: Prof. Roberto Bueno

Sivuca

Copyright © 1977 by EDITORA MUSICAL ARLEQUIM LTDA.

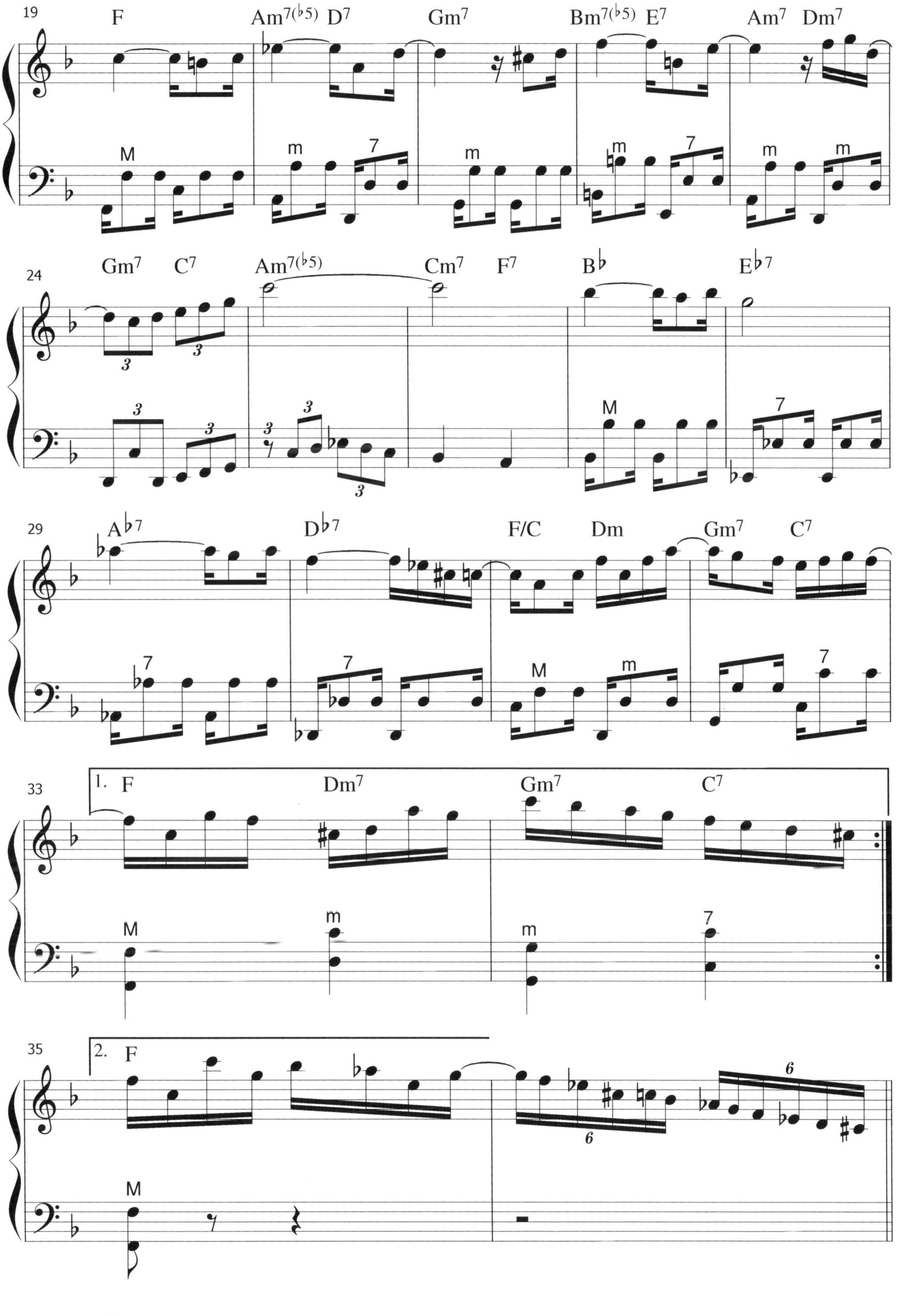
19
F
Am7(♭5) D7
Gm7
Bm7(♭5) E7
Am7 Dm7
M
m 7
m
m 7
m m
24
Gm7 C7
Am7(♭5)
Cm7 F7
B♭
E♭7
3 3
3 3
3 3
M
7
29
A♭7
D♭7
F/C Dm
Gm7 C7
7
7
M m
7
33
1. F
Dm7
Gm7
C7
M m
m 7
35
2. F
6
6
M

37
Fm
A♭7
D♭
B♭m
Gm7(♭5)
m 7 M m m
42
C7
Fm
Fm C7
Fm
7 m m 7 m
46
Dm7(♭5) G7
C
Am7
Dm7 G7
m 7 M m m 7
50
Dm7 G7
Gm7
C7(♭9)
Fm
m 7 m 7 m
54
A♭7
D♭
B♭m
Gm7(♭5)
C7
7 M m m 7

59
E♭m7
F7
B♭m7
Gm7(♭5)
C7(♭9)
63
A♭
C7
Fm
Fm7/E♭
G7/D
D♭7
C7
67
F
Dm7
Gm7
C7
F
Am7(♭5)
D7
71
Gm7
Bm7(♭5)
E7
Am7
Dm7
Gm7
C7
75
Am7(♭5)
Cm7
F7
B♭
E♭7

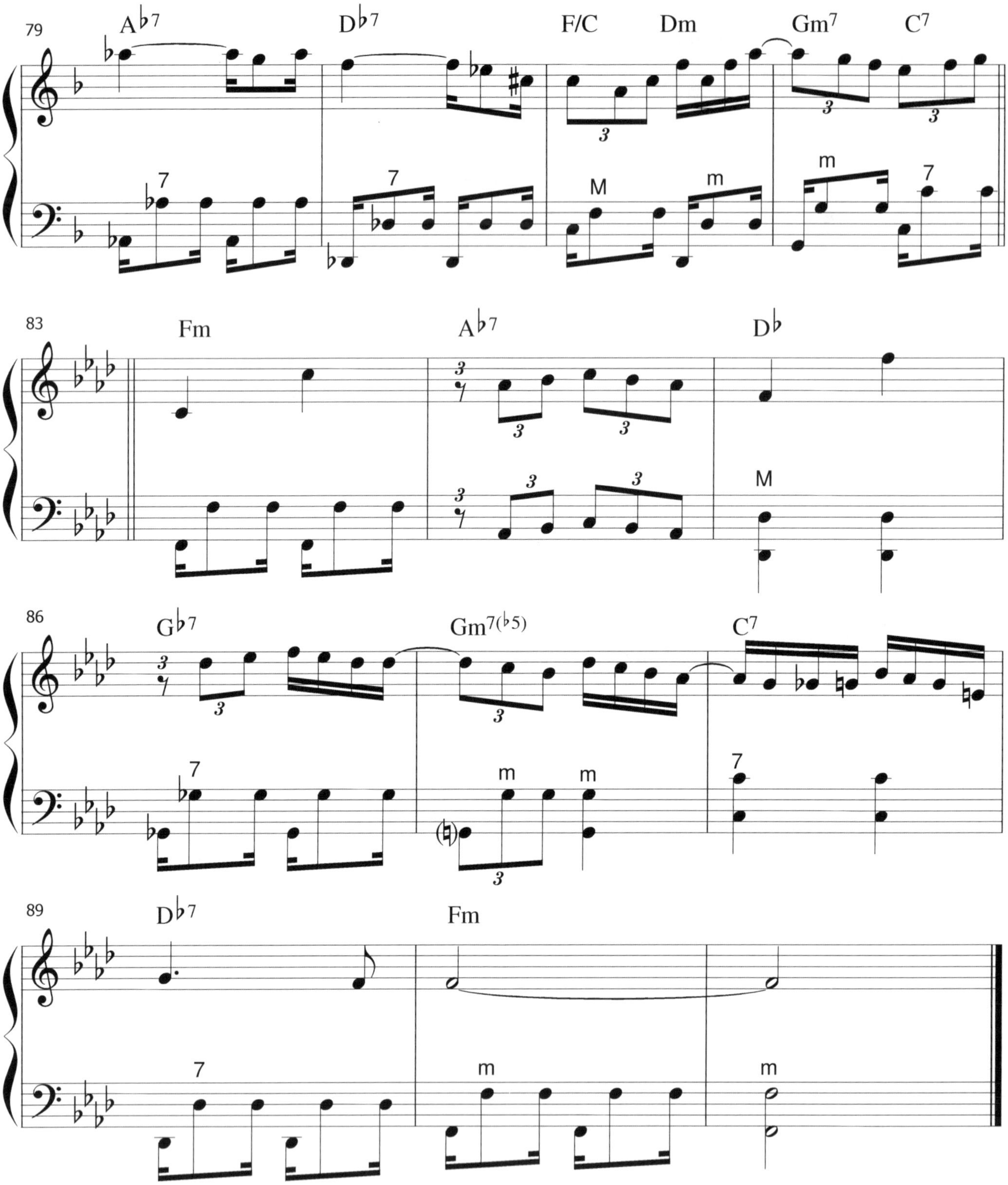
79
A♭7
D♭7
F/C
Dm
Gm7
C7
83
Fm
A♭7
D♭
86
G♭7
Gm7(♭5)
C7
89
D♭7
Fm

Página propositalmente em branco

O voo do besouro

Arranjo p/ acordeom: Prof. Roberto Bueno

Rimsky-Korsakov

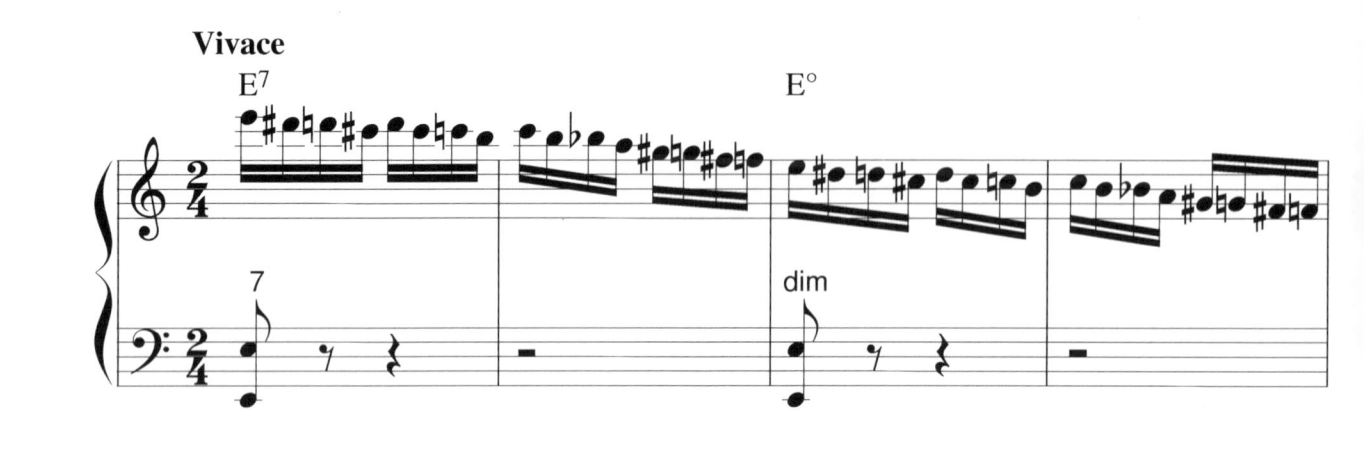

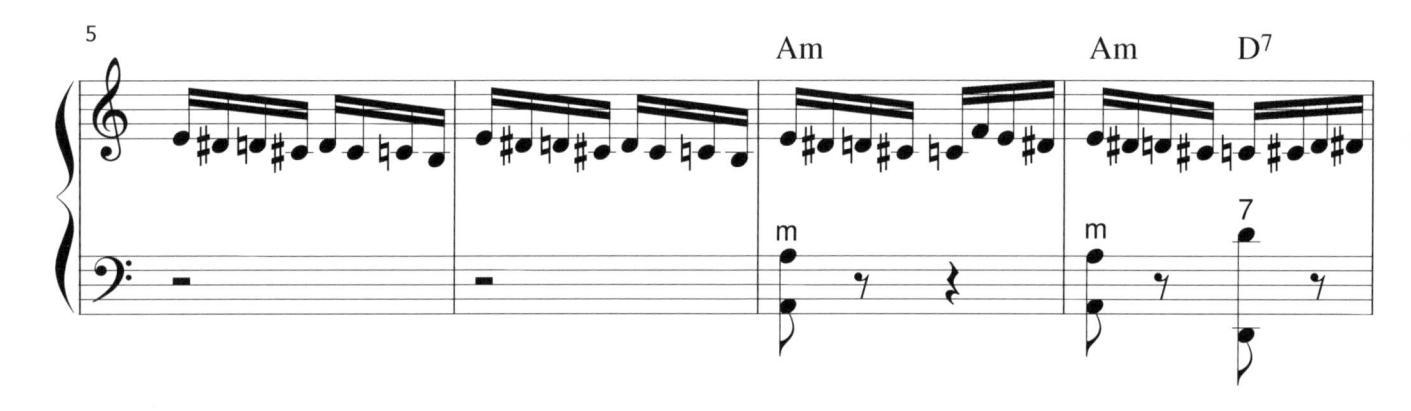

Vivace

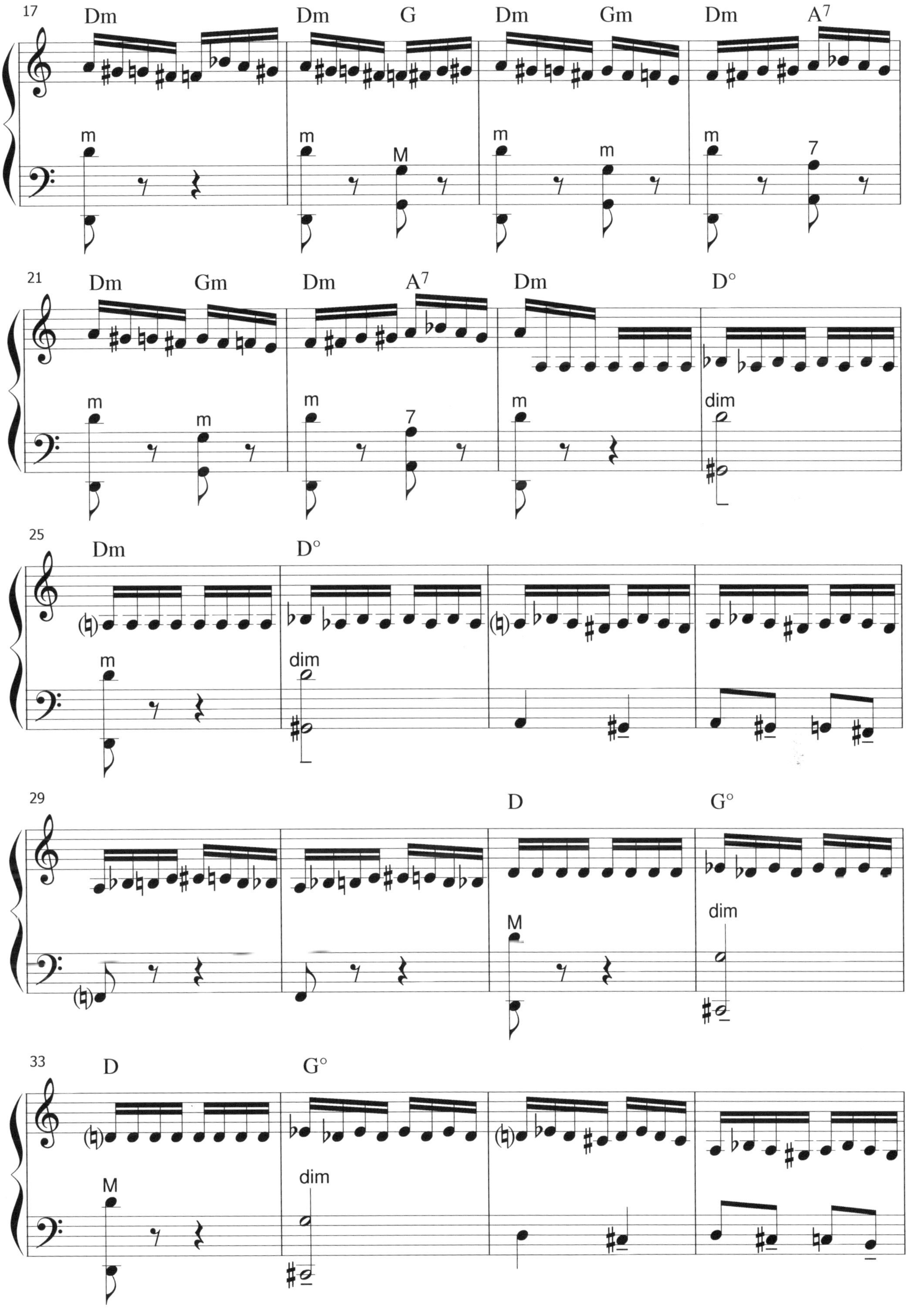
17
Dm
Dm G
Dm Gm
Dm A7
m
m M
m m
m 7
21
Dm Gm
Dm A7
Dm
D°
m m
m 7
m
dim
25
Dm
D°
m
dim
29
D
G°
M
dim
33
D
G°
M
dim

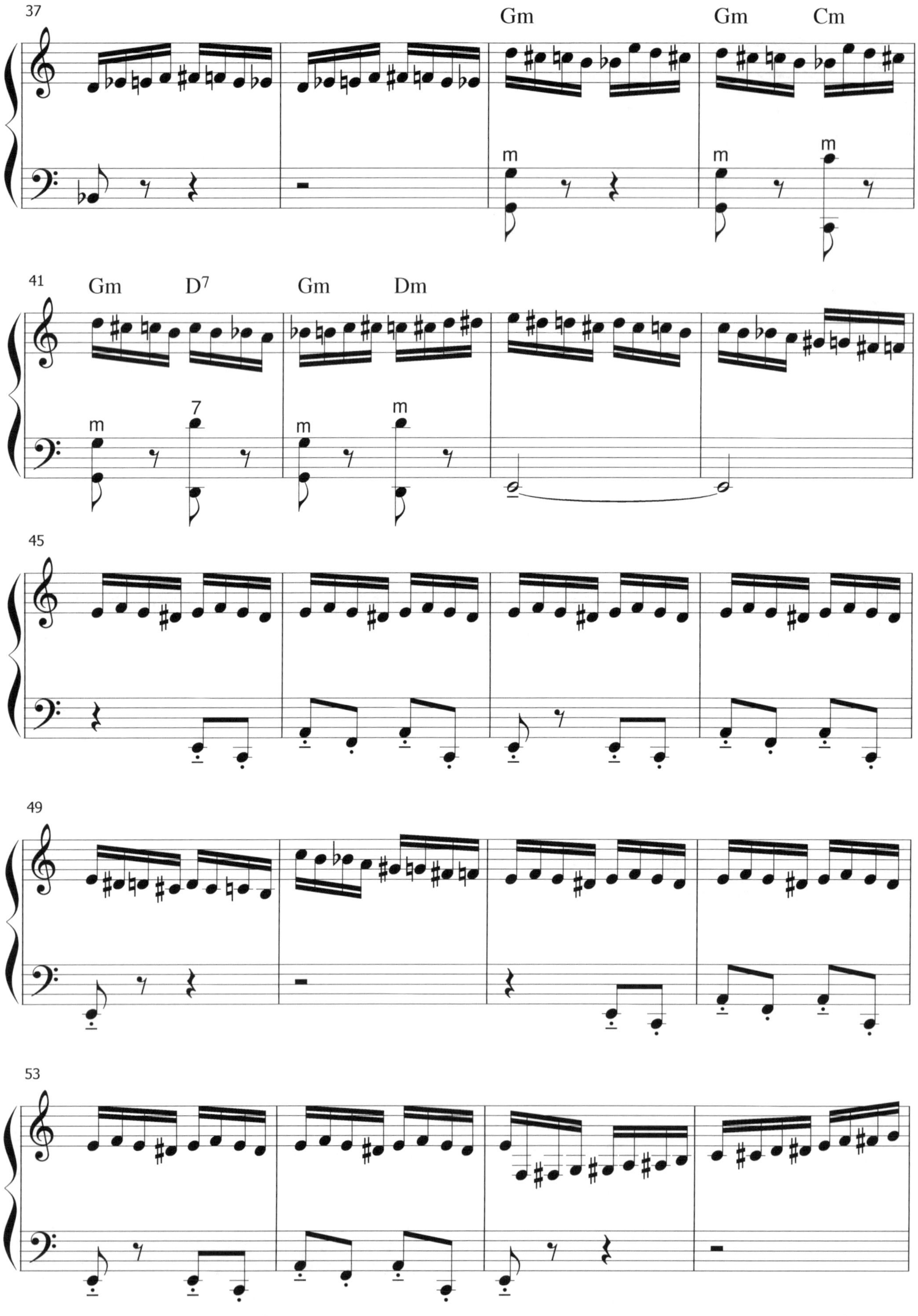
37
Gm
Gm Cm
m
m m
41
Gm D7 Gm Dm
m 7 m m
45
49
53

57
E7
Am
Am D
7
m
m M
61
Am
Am D
Am Dm
Am E7
m
m M
m m
m 7
65
Am Dm
Am E7
A7 Dm
Dm G
m m
m 7
7 m
m M
69
Dm
Dm G
Dm Gm
Dm A7
m
m M
m m
m 7
73
8va
Dm
Am E7
Am
Am D
m
m 7
m
m M

77 8va Am
Am D
Am
m
m M
m
81 8va
E7
Am
7
m
85 8va
E7
Am A7
Dm
7
m 7
m
89 Am A7
Dm
Am
m 7
m
m
93

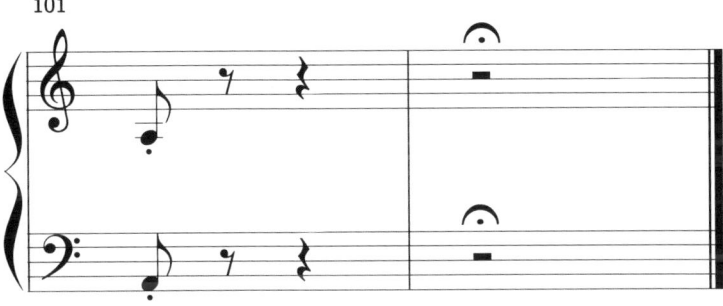

Pata pata

Arranjo p/ acordeom: Prof. Roberto Bueno

Miriam Makeba e Jerry Ragovoy

17
F
B♭
F
C7
M
M
M
7
21
F
B♭
F
C7
M
M
M
7
25
F
B♭
F
C7
M
M
M
7
29
F
B♭
F
C7
BS
33
F
B♭
F
1. C7
2. C7
BS
D.S.

Primeiro amor
Valsa

Arranjo p/ acordeom: Prof. Roberto Bueno

Pattápio Silva

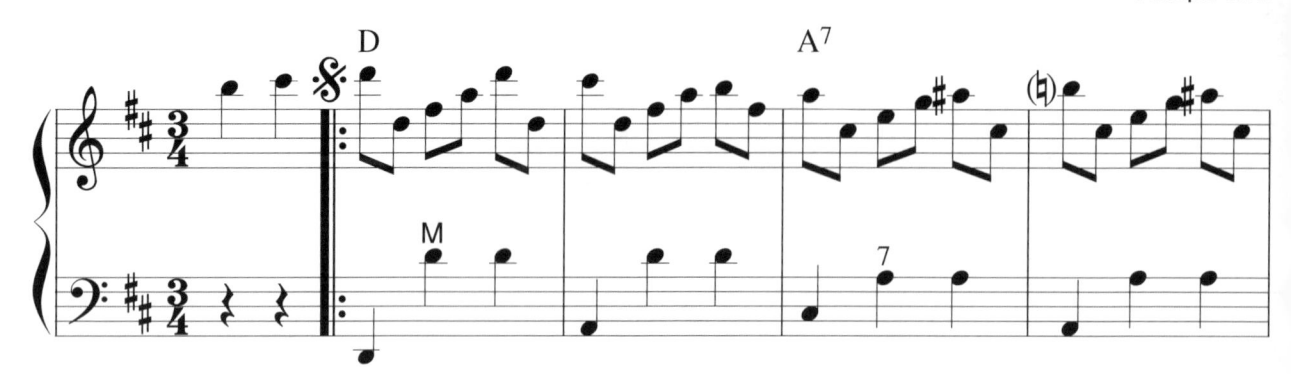

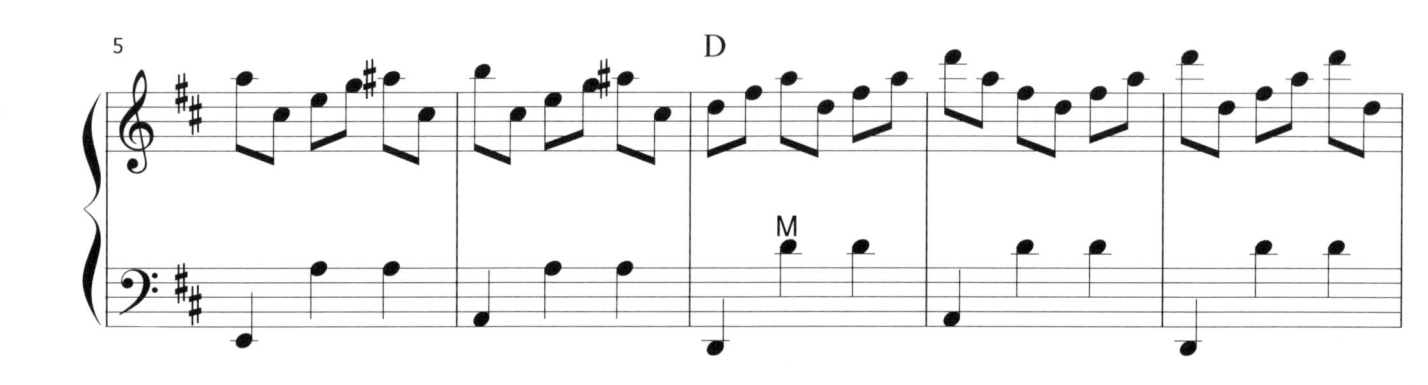

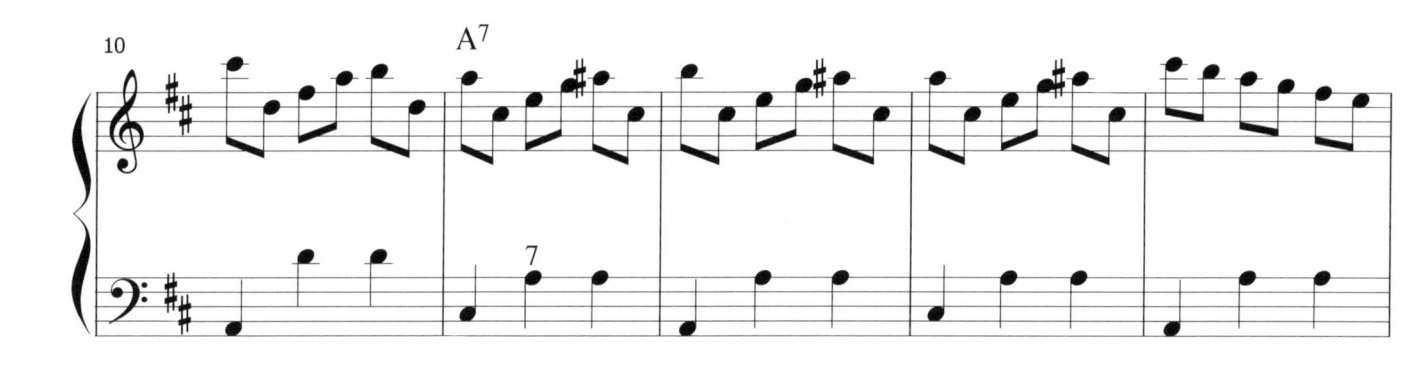

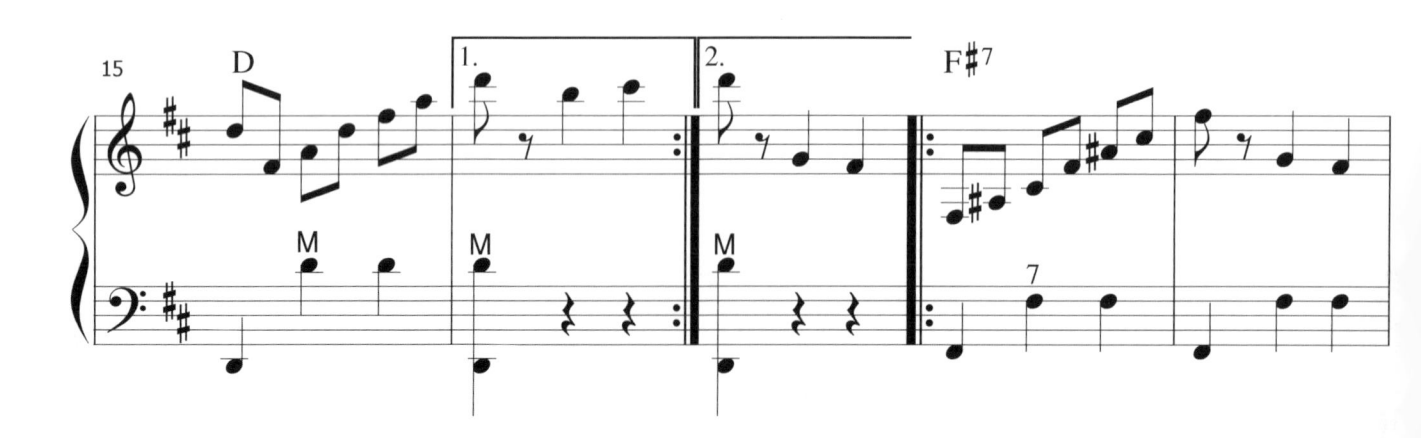

DOMÍNIO PÚBLICO

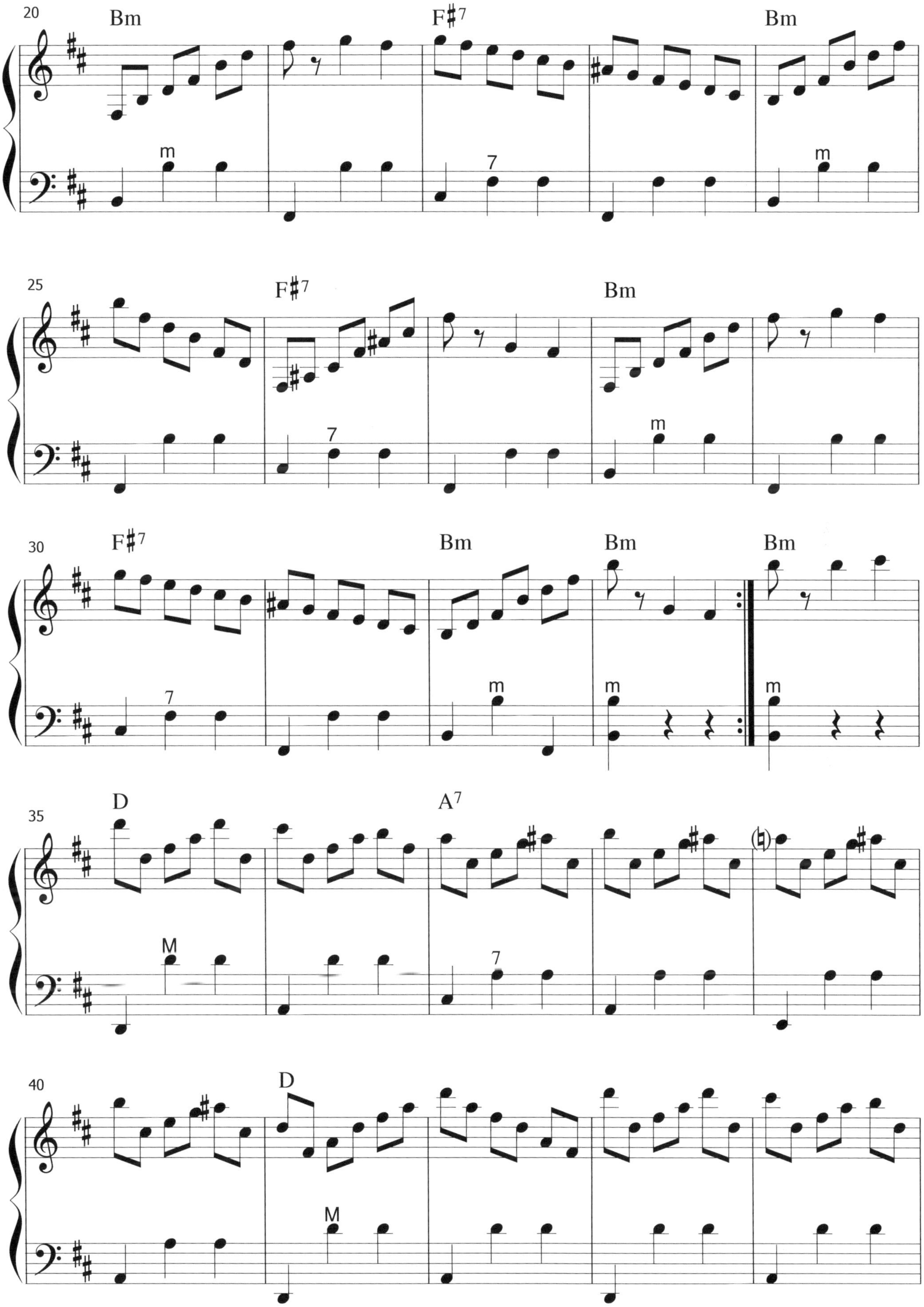
20
Bm
F♯7
Bm
m
7
m
25
F♯7
Bm
7
m
30
F♯7
Bm
Bm
Bm
7
m
m
m
35
D
A7
M
7
40
D
M

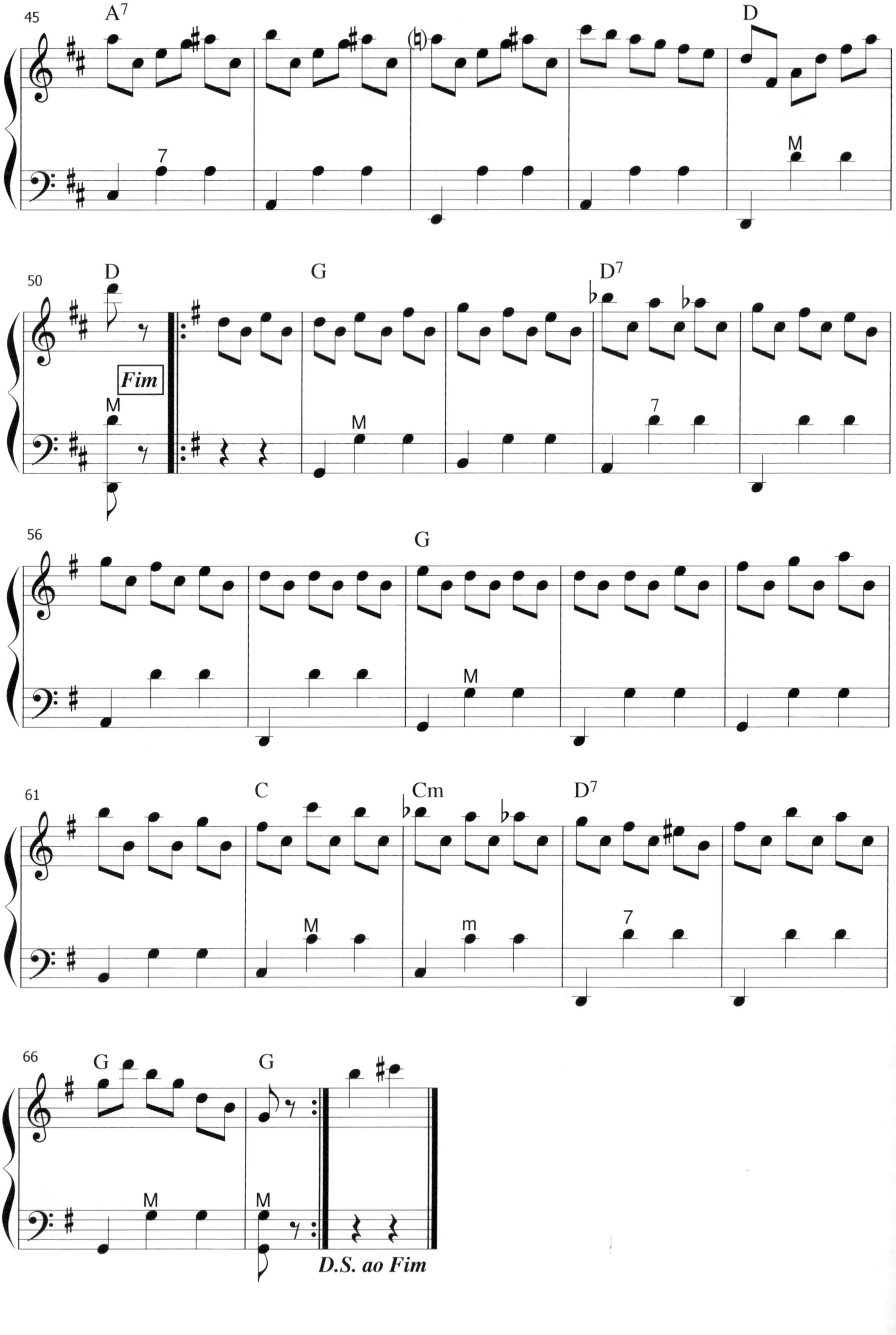
45
A7
7
D
M
50
D
M
Fim
G
M
D7
7
56
G
M
61
C
M
Cm
m
D7
7
66
G
M
G
M
D.S. ao Fim

Roseira do norte

Arranjo p/ acordeom: Prof. Roberto Bueno

Pedro Sertanejo e Zé Gonzaga

Copyright © 1956 by IRMÃOS VITALE EDITORES LTDA.

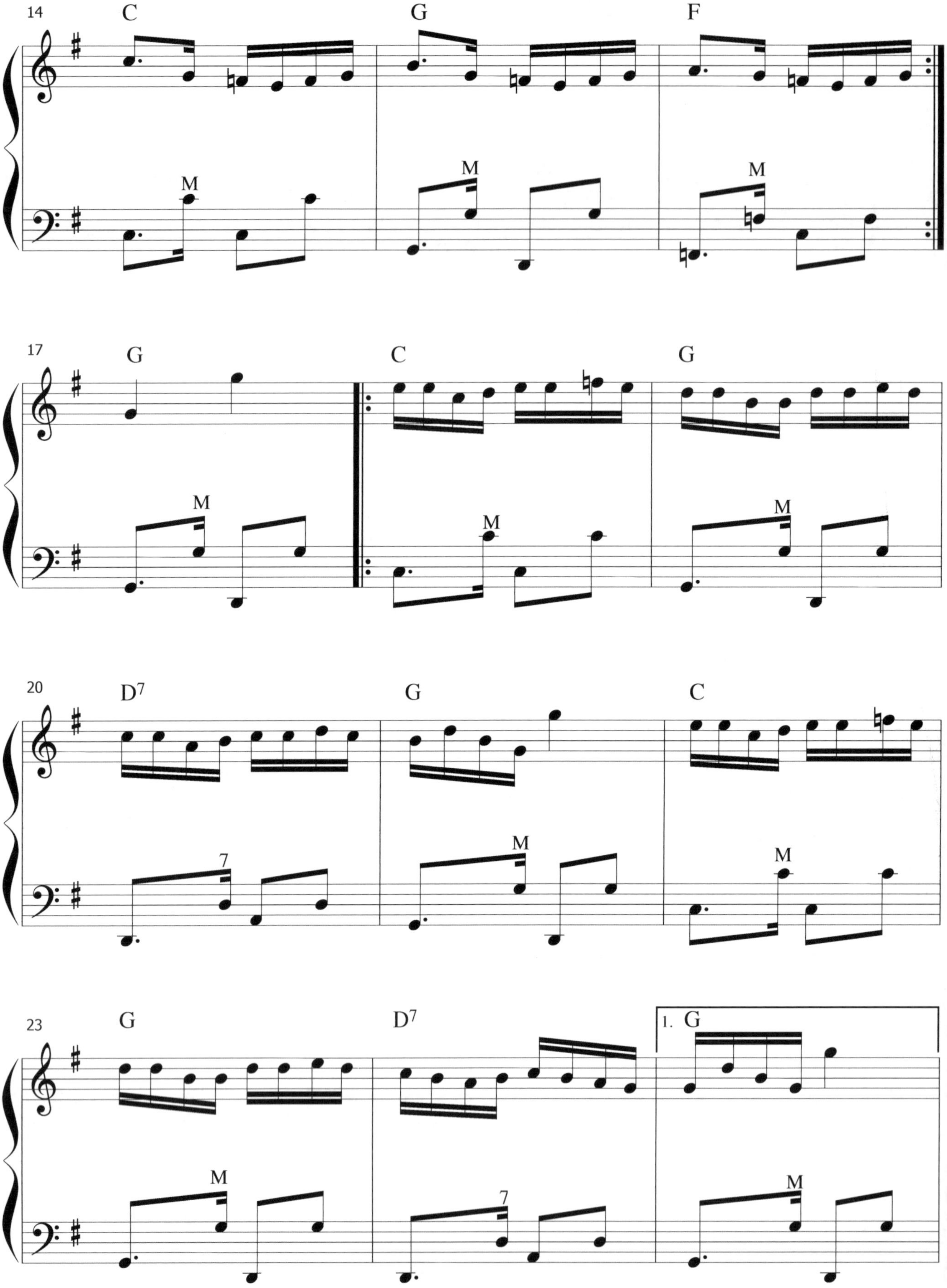
14 C G F
M M M
17 G C G
M M M
20 D7 G C
7 M M
23 G D7 1. G
M 7 M

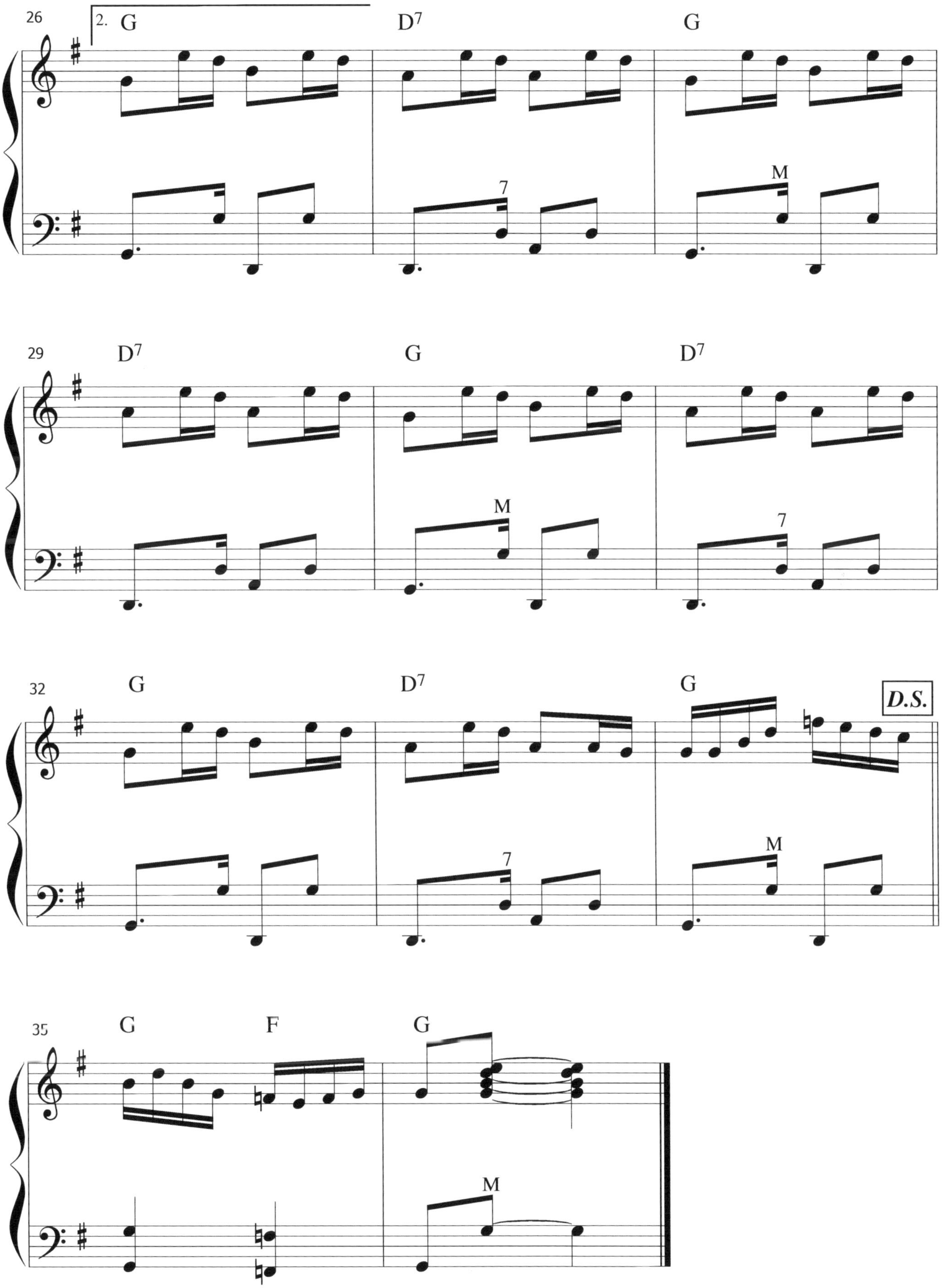
26
2.
G
D7
G
M
7
29
D7
G
D7
M
7
32
G
D7
G
D.S.
7
M
35
G
F
G
M

Subindo ao céu
Valsa

Arranjo p/ acordeom: Prof. Roberto Bueno

Aristides Borges

Copyright © 1943 by MANGIONE, FILHOS & CIA. LTDA.

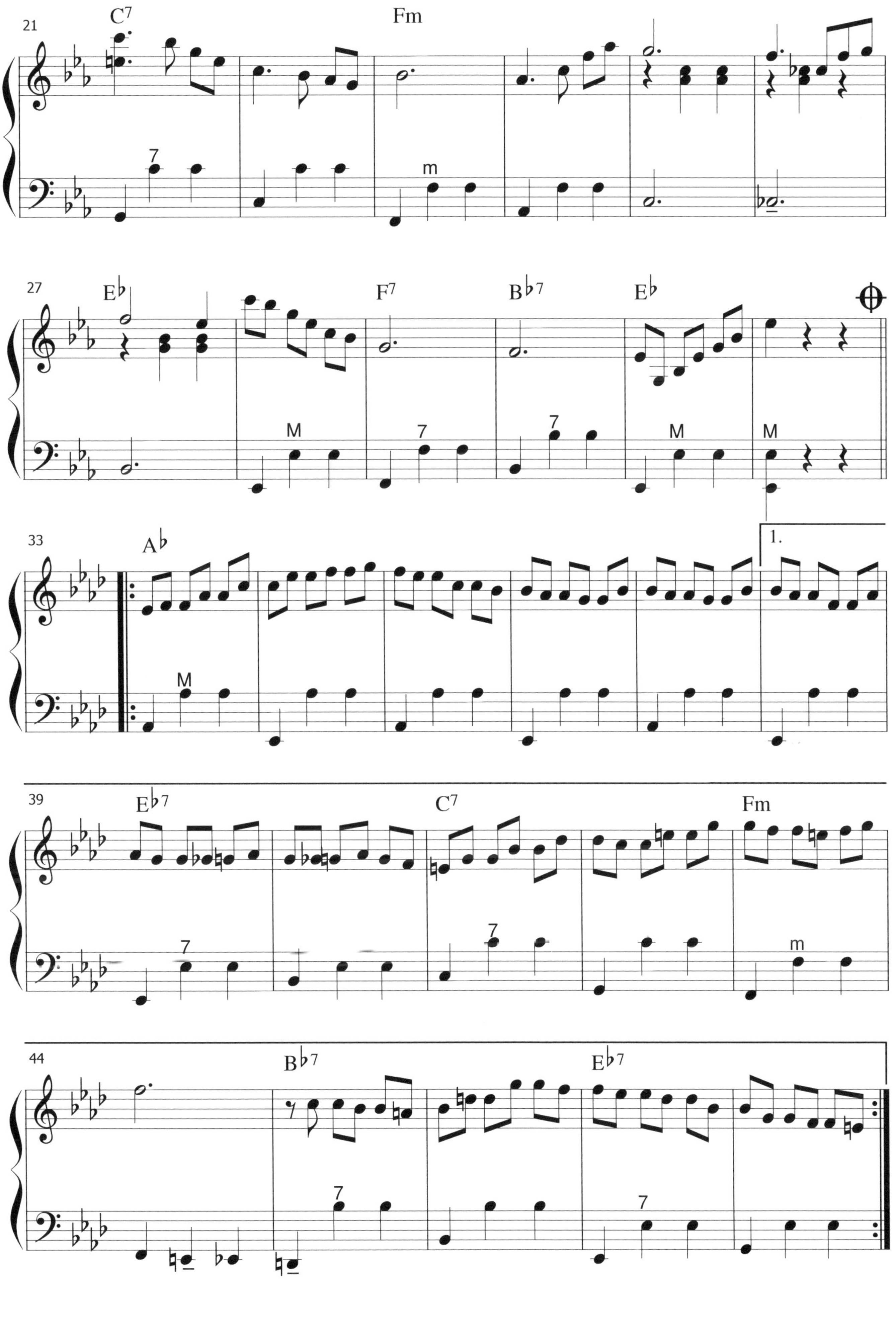
21
C7
Fm
27
E♭
F7
B♭7
E♭
33
A♭
1.
39
E♭7
C7
Fm
44
B♭7
E♭7

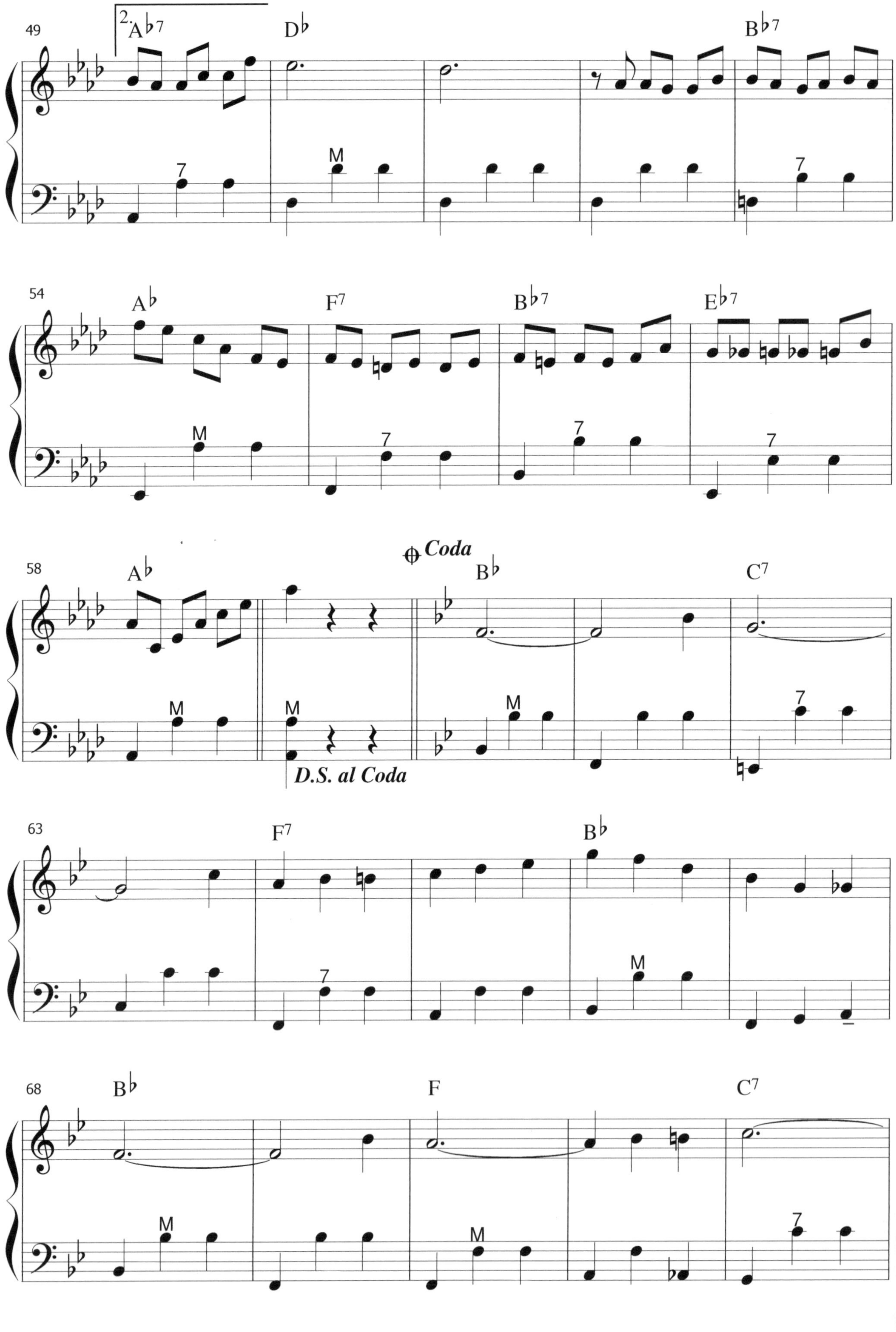
49
2.
A♭7
D♭
B♭7
54
A♭
F7
B♭7
E♭7
58
A♭
Coda
B♭
C7
D.S. al Coda
63
F7
B♭
68
B♭
F
C7

59

Toccata em Ré menor

Arranjo p/ acordeom: Prof. Roberto Bueno

J. S. Bach

61

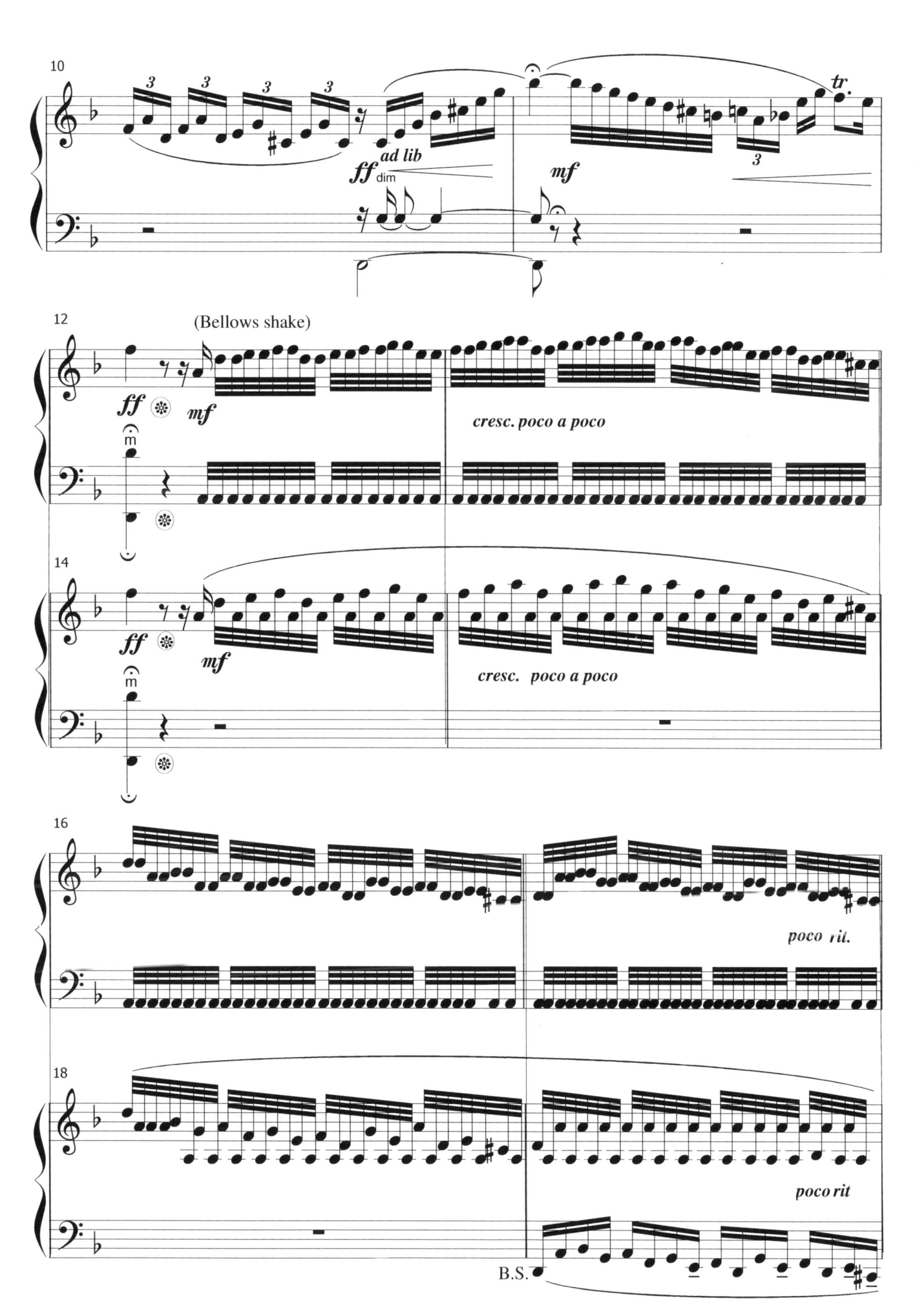

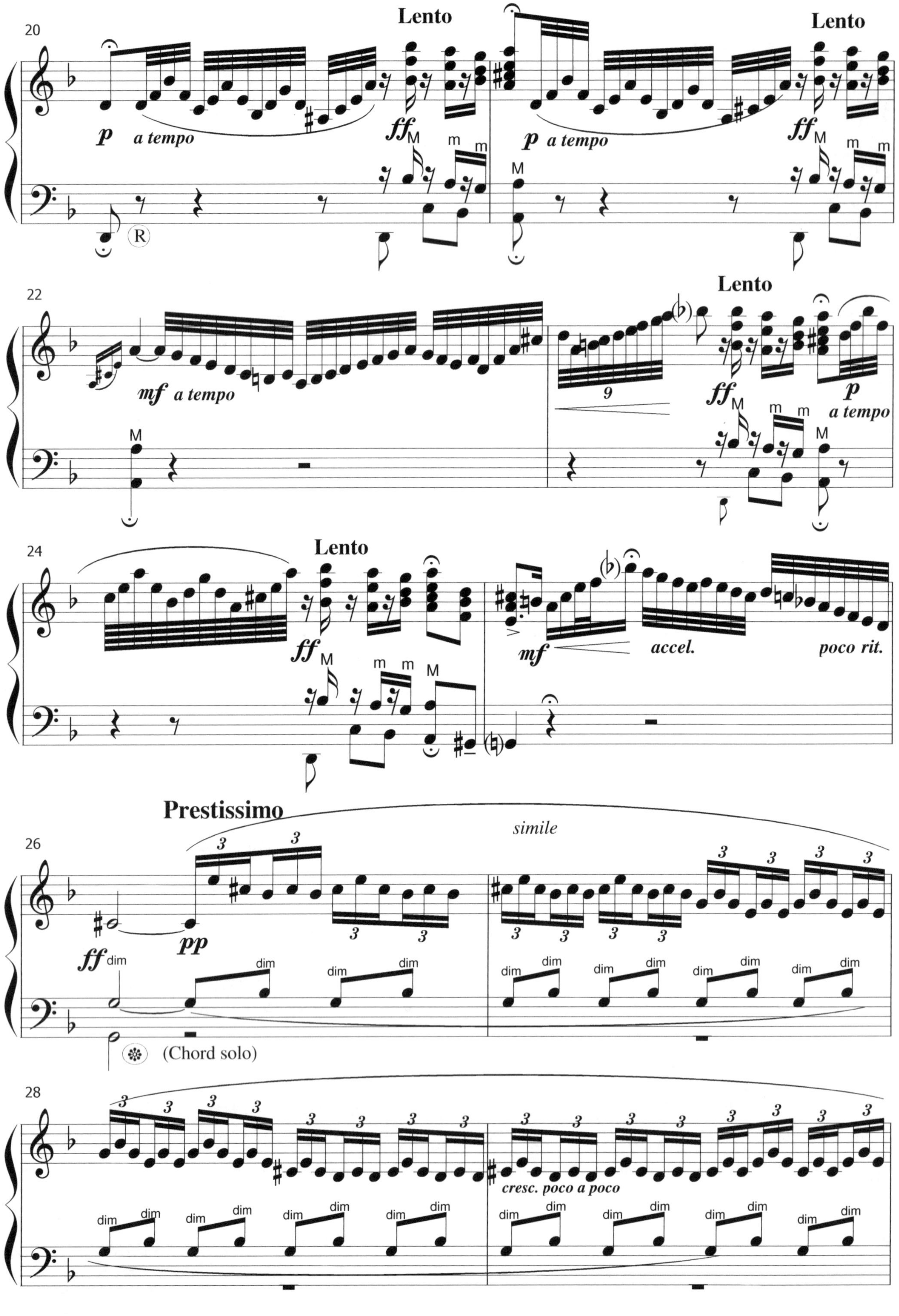
20
Lento
Lento
p a tempo
ff
p a tempo
ff
R
22
Lento
mf a tempo
9
ff
p a tempo
24
Lento
ff
mf
accel.
poco rit.
Prestissimo
simile
26
ff dim
pp
(Chord solo)
28
cresc. poco a poco

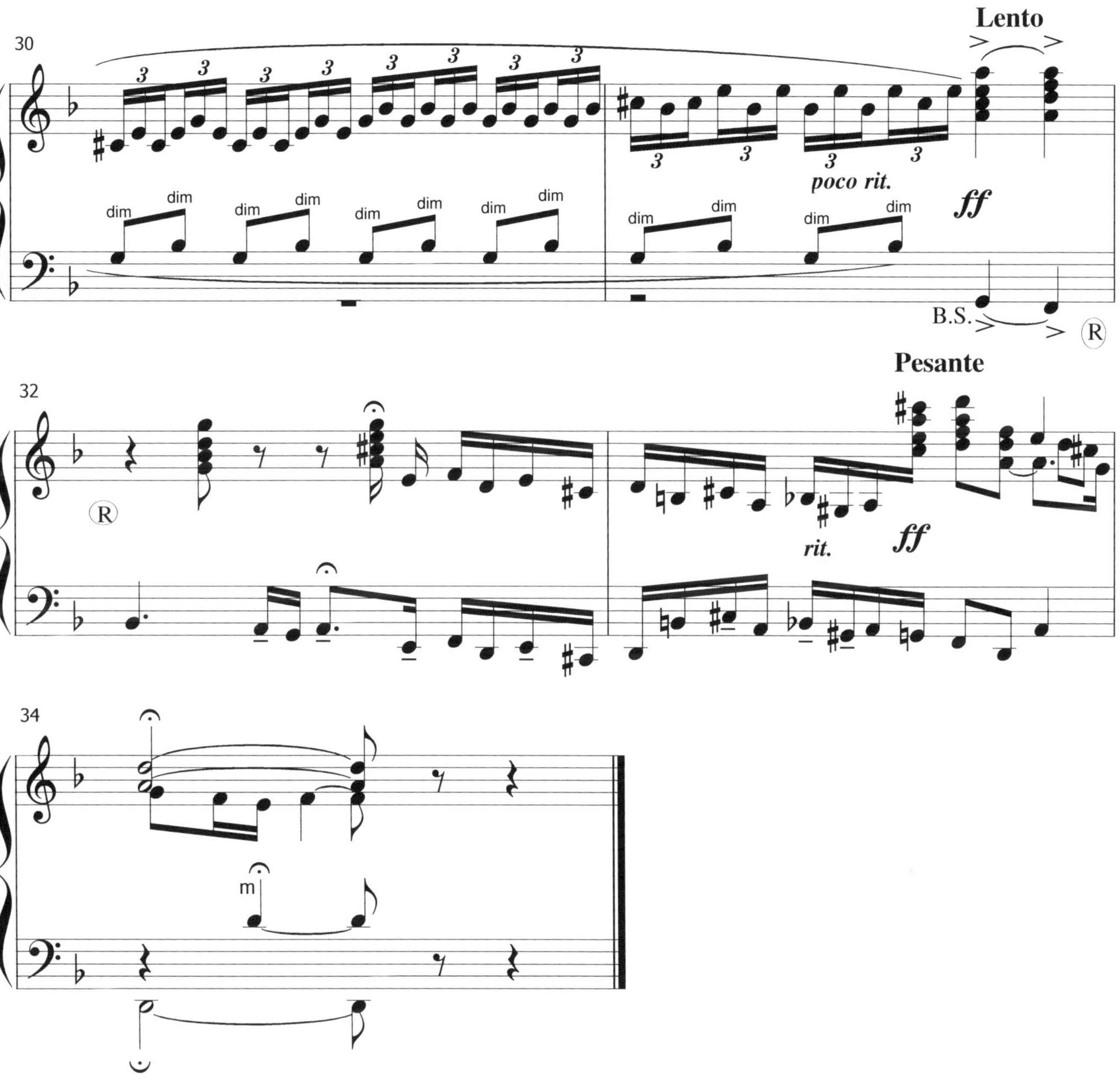
30
Lento
dim
poco rit.
ff
B.S.
R
32
Pesante
rit.
ff
34
m

Um Tom para Jobim

Arranjo p/ acordeom: Prof. Roberto Bueno

Sivuca e Oswaldinho do Acordeon

Copyright © by SEVERINO DIAS DE OLIVEIRA.
Copyright © by OSWALDO DE ALMEIDA E SILVA.

22
Em E♭m Dm7 G7 C♯7 C
m m m M 7 M
26
D/C Bm Em A7
M m m 7
31
Am7 1. D7 2. D7 Cm7
m 7 7 m
35
F7 B♭maj7 Dm7 G7
7 M m 7

40
Cmaj7
Em7
A7
M
m
7
44
Dmaj7
G7
Cmaj7
F7
B♭maj7
M
7
M
M
M
49
Am7
D7
Gmaj7
Em
F♯m7(♭5)
B7
m
7
M
m
m
7
54
Em
Em
E♭m
Dm7
G7
C♯7
m
m
m
m
7
7

58
C
D/C
Bm
Em
M
M
m
m
62
A7
E♭7
D7
G
D.C.
Dsus4
7
7
7
M
66
Am7
D7
Dsus4
Am7
D7
72
Dsus4
Am7
D7
G6
7
m
7
M

Xanana

Arranjo p/ acordeom: Prof. Roberto Bueno

Glorinha Gadelha e Sivuca

Copyright © 1983 by LUZ DA CIDADE PROD. ART. FONO. EDIT. LTDA. (SM PUBLISHING).

15
2. F
F Am/E Cm/E♭ D7 Gm C7
M
7
m 7
19
1. F
2. F
B♭ B° F/C
M
M
23
Gm C7 F B♭ E♭ A♭ D♭ C
m 7
M
M M M M M
27
F
D.S.
F Am/E Cm/E♭ D7
M
7

31
Gm C7 F F Am/E Cm/E♭ D7
35
Gm C7 1. F 2. F Dm Gm C7
39
F Dm Gm C7 F Dm Gm C7
43
F Dm Gm C7 F6